hanser**blau**

ROBERT IDE
JOANA NIETFELD
HELENA PIONTEK

ERZÄHL MIR VON DER *Liebe*

hanserblau

Alle Geschichten in diesem Buch sind wahr.
Zum Schutz der Protagonistinnen und Protagonisten wurden Namen stellenweise verändert.

1. Auflage 2024

ISBN 978-3-446-27976-6

Umschlaggestaltung: FAVORITBUERO, München
Satz im Verlag
Druck und Bindung: Friedrich Pustet, Regensburg
Printed in Germany

MIX
Papier | Fördert gute Waldnutzung
FSC® C014889
FSC
www.fsc.org

INHALT

Für alle, die uns von der Liebe erzählen

VORWORT

Drei Worte. Sind sie nicht längst abgenutzt? Zu oft gesagt, nicht immer so gemeint. Zu oft verkitscht, in Herzform verkauft auf Tassen und Kissen. Doch sie funktionieren noch immer. Können alles verändern. Ich liebe dich. Darauf folgen Umzüge, Trennungen, Hochzeiten, Affären. Menschen schmeißen ihr Leben um, von einem Moment auf den anderen.

Dabei ist Liebe schwer zu erklären. Sie ist flüchtig, ungewiss. Für sie gibt es kein Tutorial, keine Anleitung in zehn Schritten. Nie stellen wir uns selbst so sehr infrage wie dann, wenn wir nach der Liebe suchen. Nie verhalten wir uns so bekloppt, egoistisch und kompromisslos wie dann, wenn wir sie gefunden haben. Liebe lässt uns Hunger, Müdigkeit und beste Freundinnen vergessen. Sie macht uns zu fröhlichen Gefangenen oder traurigen Befreiten, zu großen Kindern oder kleinen Berserkern.

Weil die Liebe so vielfältig ist, wie sie unergründlich erscheint, gibt es kaum ein spannenderes Thema als sie. Nichts erzählt mehr über die Brüche, Umbrüche und Aufbrüche im Leben. Deshalb erzählen wir hier von ihr.

In diesem Buch schreiben wir 20 wahre Geschichten von echten Menschen, beschreiben ihre Gefühlsverwicklungen und intimen Geheimnisse. Unter ihnen ist der Mann, der sich so sehr eine intakte Beziehung wünscht, aber jahrelang betrogen wird. Die Frau, die immer Mutter sein wollte, aber dann nicht schwanger wird. Das Paar, das nach Jahrzehnten den verpassten Kuss nachholt. Vier Erwachsene, die eine Familie gründen.

In jeder Liebesgeschichte stecken emotionale, experimentelle und existenzielle Fragen: Lässt sich wahre Liebe teilen? Wie fühlen sich flüchtige Gefühle an? Gibt es Liebe auf den ersten Blick? Was sagt Sex über unsere Zuneigung zueinander aus? Kann aus Freundschaft Liebe werden – und umgekehrt? Auf jede dieser Fragen findet jede und jeder eine andere Antwort.

Dabei ist das Nachdenken über die Liebe zeitlos, aber auch immer ein Spiegel der Zeit. Dekadente Affären oder dekadenlange Ehen, Liebe bis in den Tod oder Verliebtheit nur für einen Augenblick, polyamore Beziehungen oder hedonistische Liebesmodelle, bisexuelle Hochzeiten oder homosexuelle Familien, verpasste Augenblicke und doch noch eingefangene Blicke. Heute hat sich nahezu jede Beziehungskonstellation emanzipiert vom Verbot über das Naserümpfen der Nachbarn hin zum allgemeinen Achselzucken. Und doch bleiben Beziehungshaushalte, so aufgeräumt sie auch erscheinen mögen, Privatsache, besonders in Deutschland.

Über die Liebe zu berichten, heißt deshalb auch, das Leben besser verstehen zu lernen. Denn ehrlich gesagt kennt niemand die Realität des anderen genau. Wer weiß schon, wie es wirklich in der Ehe der Kollegen aussieht? Wer kennt die zahllosen unbeantworteten Nachrichten in der Dating-App? Nach dem Gespräch beim Paartherapeuten postet kein Paar ein Selfie, vom romantischen Date schon. In diesen Geschichten sind wir nicht nur auf der

Suche nach den Abgründen der Liebe, aber eben auch. Wir erzählen die echten Geschichten, die unperfekten, die sich anfühlen, wie mit den Fingerkuppen über eine raue Oberfläche zu streichen.

Unsere Protagonisten haben wir nicht in Interessensvertretungen gefunden. Schließlich gibt es keine Lobby der Verlassenen, keinen Club der Frischverliebten. Stattdessen stolpern wir über die Geschichten in sozialen Netzwerken, schnappen sie auf Partys auf, hören von ihnen auf Familienfeiern oder in privaten Gesprächen. Manchmal sind sie kaum zu glauben, zuweilen ist gerade ihre scheinbare Normalität das Besondere. Menschen zu finden, die in einer heiklen Lebenslage ihre Empfindungen offenbaren, dauert oft monatelang. Für einen Moment der Wahrheit lohnt es sich jedoch immer.

Liebe ist nie einfach, aber immer universell. Sie vermittelt Hoffnung in unsicheren Zeiten, gibt Trost in scheinbar aussichtslosen Lagen, lässt das Unmögliche doch noch möglich werden. Eigentlich weiß jede und jeder mindestens eine außergewöhnliche Geschichte von der Liebe zu erzählen. Wir müssen uns nur trauen, sie zu ergründen.

35 JAHRE BIS ZUM ERSTEN KUSS

Elìzabeth und Thomas

Reue hat zwei Gesichter: Das Bedauern, einen Fehler gemacht zu haben, und das Gefühl, etwas gar nicht getan zu haben. Thomas kennt beides.

Es ist 1986, Thomas ist siebzehneinhalb. Vier Wochen schon tingelt er mit seinem Chor aus West-Berlin durch Brasilien, Argentinien und Chile. Ein gewaltiges Abenteuer. Die letzte Station ist in Santiago de Chile, Thomas wird beim dortigen deutschen Botschaftsrat untergebracht. Als die letzten drei Tage vor dem Rückflug angebrochen sind, nimmt ihn der Sohn seines Gastgebers mit auf eine Party. Und da steht sie, Elìzabeth.

Dunkle Locken, lange, schmale Nase und ein warmes Lächeln auf dem Gesicht. Sie unterhalten sich über Volleyball – wie kann jemand mit so schönen Fingern überhaupt Volleyball spielen, fragt sich Thomas. Viel Spanisch kann Thomas damals nicht, doch Elìzabeth verbrachte einen Teil ihrer Kindheit und Jugend in Bonn, ihr Deutsch ist nahezu perfekt. Den ganzen Abend schlürft Thomas an einer einzigen Flasche Cola, mehr gibt sein schmales Reisebudget nicht mehr her. Aber das ist ihm egal. Eigentlich denkt er nur: Hoffentlich ebbt das Gespräch mit Elìzabeth nicht ab.

Elìzabeth geht es ähnlich. Ihr Kumpel brachte diesen gut aussehenden deutschen Jungen mit zur Party. Kurze blonde Haare, ein lieber Blick. Er ist witzig und sehr respektvoll. Elìzabeth ist auf Anhieb verknallt.

Sie verbringen jeden einzelnen der letzten drei Tage miteinander, und weil sie abends nicht rechtzeitig nach Hause aufbrechen, auch die ganze Nacht vor der Abreise. Zu Zeiten von Pinochets Militärdiktatur herrschte Ausgangssperre in Chile.

Sie lachen viel und reden, aber nur zu zweit sind sie nie. Als es in den frühen Morgenstunden kühl wird, legen sie eine große Decke über sich. Ihre Hände berühren sich flüchtig, es fühlt sich an, als durchzuckte sie ein Blitz. Und dann – passiert nichts.

Ein paar Stunden später hebt Thomas ab und landet 12 517 Kilometer weiter in Berlin-Tegel. Siebzehneinhalb, untröstlich verliebt und sauer auf sich selbst. Wie kann man nur so schüchtern sein? So gern hätte Thomas ihren Kopf zu sich herangezogen und sie geküsst, doch er traute sich einfach nicht. Einige Tage später liegt ein Brief in Thomas' Briefkasten. Elìzabeth schreibt darin: »Ich bin verliebt in dich. Ich träume davon, an deine Tür in Berlin zu klopfen und dich zu überraschen.«

Thomas kann kaum fassen, was Elìzabeth da in mutigen Zeilen aufgeschrieben hat. Genau so fühlt er doch auch. Was für ein überwältigendes Gefühl, wenn Liebe auf Gegenliebe stößt. Wie fatal, zu begreifen, dass die Chance, dem Gefühl nachzugehen, in unerreichbare Entfernung gerückt ist. »35 Jahre lang habe ich mir vorgeworfen, sie nicht geküsst zu haben.«

Zwei Jahre lang schreiben sich die beiden, die eigentlich anders heißen, Briefe, schicken dem anderen Bilder. Thomas' Freunde finden das höchstens nett, meist einfach nur naiv. Einen Besuch hätte sich damals keiner der beiden leisten können, und auch Ferngespräche sind viel zu teuer. Thomas geht in Deutschland noch zur Schule, Elìzabeth hat gerade ihr Architekturstudium begonnen. In einigen der Briefe überlegen sie, ob Elìzabeth nicht in Deutschland studieren könnte, und verwerfen es schließlich doch. Wäre das nicht total verrückt? Auf der Rückseite eines Fotos notiert Elìzabeth: »Vergiss nie, hier gibt es jemanden, der dich sehr lieb hat.«

Dann, nach und nach, werden die Briefe seltener, und irgendwann ist das letzte Papier verschickt.

Thomas und Elìzabeth verlieben sich in andere Menschen. Beide finden schließlich eine Person, mit der sie ihr Leben verbringen möchten. Beide heiraten. Beide werden Eltern von je zwei Kindern. Die ersten Schritte, der erste Schultag, die eigene Karriere, die Beziehung. Beide verlieren sich im manchmal aufregenden, oft banalen, meist schönen Alltag des Lebens. 35 Jahre lang. Sie in Chile, er in Deutschland.

An einem Tag im Herbst 2020 sitzt Thomas zu Hause in seinem Büro und hört südamerikanische Musik. Jahrelang hat er diese Playlist schon nicht mehr angeklickt. Und seine Gedanken wandern zu Elìzabeth. Was wohl aus ihr geworden ist? Sie müsste wie er Anfang 50 sein, bestimmt hat auch sie Familie und Kinder, denkt sich Thomas und tippt ihren Namen in die Suchmaschine ein.

Es ist nicht das erste Mal seit seiner Jugend, dass Thomas an Elìzabeth denkt. Sie war seine erste Liebe, und auch wenn ihr weitere folgten, bleibt sie doch diese eine Person, bei der er sich fragt: Hätte aus uns nicht doch etwas werden können? »The one that got away«, beschreibt im Englischen genau das: Diese eine Person, die man einfach nicht vergessen kann, diese eine Liebe über die man nie so richtig hinwegkommt, egal wie lange sie zurückliegt.

Für die meisten bleibt das eine Überlegung – Gedanken, die zur Realität hätten werden können. Vielleicht in einem anderen Leben. Doch Thomas geht ihnen nach.

»Ich bin Thomas. Erinnerst du dich an mich?«, schreibt er. »Ich habe dich nie vergessen.« Seine Mail landet im Spam-Ordner. 14 Tage später schreibt er ein zweites Mal von einer anderen Adresse. Sie antwortet sofort: »Natürlich erinnere ich mich. Ich habe hier ein Foto von dir, du trägst einen Hut mit Federn dran.«

Auf die erste Nachricht folgt eine zweite, bald das erste Telefonat, und nach über 30 Jahren sehen sich auf den Bildschirmen ihrer Computer wieder. Sie reden jeden Tag stundenlang, meist nachts wegen der Zeitverschiebung. Elìzabeth erzählt von ihrem Leben in Chile, ihrer Arbeit als Architektin, ihren erwachsenen Kindern, ihrer Ehe, die schon vor Jahren in die Brüche gegangen ist. Thomas erzählt von seinem Leben in Berlin, seinen zwei Kindern, die an der Schwelle zum Erwachsenenleben stehen, und seiner Ehe, in der er und seine Frau schon lange eher nebeneinander als miteinander leben.

Doch auch in festgefahrenen Beziehungen fällt auf,

wenn sich etwas tut. Seine Frau will wissen, mit wem Thomas immer wieder telefoniert und über was sie sprechen. Thomas windet sich und sagt, es sei eine alte Bekannte, sagt, sie sprächen über die gesundheitlichen Probleme von Elìzabeths Sohn. Das stimmt, doch die ganze Wahrheit ist es nicht. Sie bittet ihn, den Kontakt abzubrechen, doch Thomas kann nicht. Wenn er nachts in seinem Bett liegt, trifft er Elìzabeth jetzt heimlich über den Bildschirm seines Mobiltelefons. Lange schon schlafen er und seine Frau in getrennten Zimmern. »Ich habe mir das schöngeredet«, sagt Thomas heute. »Ich dachte: Wenn sie mich nicht erwischt, ist es, als wäre nichts passiert. Aber natürlich hat sie gespürt, dass etwas nicht stimmt. Damit habe ich sie noch mehr verletzt.«

Über die Entfernung fällt es leichter, offen zu sein, sie in Chile, er in Deutschland. Was soll denn schon passieren? Schnell werden die Gespräche tief, und Schicht für Schicht scheinen die Gefühle von damals wieder an die Oberfläche zu kommen. Sieben Wochen geht das so. Dann sagt Elìzabeth: »Wir müssen uns sehen. Wir müssen herausfinden, ob wir eine Chance haben.« Thomas ist klar: Das würde alles verändern. Das Leben, das er bislang führte, würde nie wieder das gleiche sein. Kann er seiner Familie das antun? Da ist die Verantwortung gegenüber dem Leben, das er gewählt hat, seiner Beziehung, den Kindern. Aber er spürt auch die Verantwortung gegenüber sich selbst und seinem persönlichen Glück. Ist das denn nichts wert? Thomas weiß: An seiner Entscheidung hängt ein hoher Preis. Und er sagt: Ja.

Einen Monat später steht er mit Blumen in der Hand am Flughafen. Sie umarmen sich lange, als sie sich endlich gegenüberstehen. Auf der Fahrt redet Thomas zu viel, Elìzabeth streichelt seine Hand. Das Auto vollgepackt, fahren sie zum Supermarkt. Als der Motor auf dem Parkplatz verstummt, traut sich Thomas, wovon er als Jugendlicher nur träumte. Er zieht ihr Gesicht zu sich heran und küsst sie. Nach 35 Jahren.

Die nächsten Wochen sind wie magisch. Berlin liegt ungewöhnlich still im ersten Coronawinter. Unter einer dicken Schneeschicht scheint die sonst rastlose Stadt fast versöhnlich. Nachts erkunden beide das leere Berlin, das Elìzabeth zum ersten Mal besucht. In der Ferienwohnung kommen sie sich nahe, reden, lachen, kochen, genießen die Zweisamkeit. Zwischen ihnen ist eine Vertrautheit, die zwischen zwei eigentlich Fremden nicht sein dürfte. Nicht erst gegen Ende von Elìzabeths Zeit in Berlin ist beiden klar, was sie anfangs nur gehofft hatten.

So schön die Erkenntnis, so erschreckend ist sie auch. Bislang war der Wetteinsatz der beiden nicht besonders hoch: Ein paar Wochen in Deutschland – eine willkommene Abwechslung. Ein paar Wochen mit einer anderen Frau – nichts, was man nicht mit gemeinsamem Willen in einer Ehe wieder kitten könnte. Doch jetzt? Spätestens jetzt hat die gegenseitige Anziehung reale Konsequenzen. Wenn sie sich füreinander entscheiden, gibt es kein Zurück.

Elìzabeth fliegt nach Hause, sagt ihrer Familie, dass sie nach Deutschland ziehen wird, und kündigt ihren Job. Thomas sagt seiner Frau und den Kindern, wie er die letzten Wochen wirklich verbracht hat. Dass er sich von ihr trennen möchte und ausziehen wird. Ja, das Leben hat doch eine gewisse Klumpenartigkeit. Da gibt es ganze Phasen, manchmal Jahre, manchmal Jahrzehnte, da ruckelt es hin und wieder, aber im Wesentlichen passiert doch lange nichts. Und dann gibt es Momente im Leben, da scheint sich alles zur gleichen Zeit zu bewegen. Eine Konzentration von Ereignissen und Emotionen, zusammengepresst, ganz dicht beieinander. Schönes neben Traurigem, Wut neben Euphorie.

War Thomas feige, oder versuchte er, die Familie vor der unbequemen Wahrheit zu schützen, bis er sich selbst ganz sicher war? Liebe, heißt es, verliert nicht an Wert, nur weil sie endet. Die größte Zeit der gemeinsamen Jahre mit seiner Frau war weder schlecht noch vergeudet. Sie haben tolle Kinder und hatten sich nicht zufällig einander versprochen. Doch würde diese Geschichte aus einer anderen Perspektive erzählt, wäre Thomas der Bösewicht. 25 Jahre Ehe, ein gemeinsames Leben und dann so ein Paukenschlag.

»Ich habe mich moralisch falsch verhalten, und das bereue ich. Das haben sie nicht verdient«, sagt Thomas heute. »Ich habe unnötig Schmerz verursacht.« Aber was hätte er auch tun sollen? Der Kinder wegen in der Beziehung bleiben, obwohl er nicht glücklich ist? Oder wäre es besser gewesen, sich zu trennen, ohne eine andere Frau zu haben? Kann man 25 Jahren Ehe überhaupt schmerzlos trennen? Nein, wenn eine Liebe endet, tut das immer weh. Allen Beteiligten.

35 Jahre bastelten Thomas und Elìzabeth an einem Leben, das sie jetzt zu großen Teilen hinter sich lassen. Ist das eine Midlife-Crisis oder ein Manifest für die Zeitlosigkeit der Liebe? Sie konnten nicht ahnen, dass ihr Leben diese Wendung nehmen würde. Thomas' Nachricht an Elìzabeth hätte ungelesen oder unwillkommen bleiben können. Und während die einen ihre Köpfe schütteln über die Entscheidung, finden andere darin eine der bezauberndsten Liebesgeschichten, die sie je gehört haben.

Fast zwei Jahre leben Elìzabeth und Thomas jetzt schon in ihrer gemeinsamen Wohnung in Berlin. Elìzabeth hat einen neuen Job, und Thomas' Scheidung ist endlich durch. Eine große Erleichterung für beide. Manchmal schien es in den letzten Monaten, als lebten sie zu dritt in ihrem neuen Zuhause, die Ex-Frau zumindest gedanklich mit im Raum anwesend. Wenn Thomas von der Arbeit kam, warteten die Hausaufgaben für seinen Anwalt. Er macht viele Zugeständnisse, manchmal hadert er, ob es zu viele sein könnten. Doch der Wunsch, die Trennung möglichst konfliktfrei zu gestalten, ist ihm wichtiger, auch den Kindern zuliebe. Die Beziehung zu ihnen bleibt belastet, vor allem sein Sohn, das jüngere der beiden Kinder, tut sich schwer. Er wohnt noch zu Hause, sitzt oft zwischen den Stühlen. Wenn Thomas ihn trifft, lässt er seinen Sohn wählen, ob er die Zeit zu dritt mit Elìzabeth oder lieber zu zweit verbringen mag. In letzter Zeit entscheidet er sich immer öfter für die erste Option. Thomas weiß, dass es noch dauern wird, bis das Verhältnis wieder wird, wie es einmal war. Er freut sich über jeden kleinen Schritt.

»Ich hoffe, dass unser Leben jetzt wieder an positivem Gewicht, an Leichtigkeit gewinnen kann«, sagt er. Gemeinsam kochen sie, tanzen Salsa, fahren Fahrrad und entdecken die Stadt. Eigentlich ist Thomas gar nicht so unternehmungslustig, aber er ist einfach gerne bei Elìzabeth. Mit ihr fühlt er sich frei, lebendig. Er mag es, mit ihr all die kleinen Dinge neu auszuloten. Sie lachen viel gemeinsam. Manchmal überlegt er, wie sein Leben wohl verlaufen wäre, wenn das mit ihm und Elìzabeth schon früher, vor 35 Jahren geklappt hätte. Wenn er sie statt der Mutter seiner Kinder geheiratet hätte. »In meinem Kopf weiß ich, es wäre ein kurzes loderndes Feuer gewesen, wir waren beide nicht reif genug für uns als Paar.« Jetzt sind sie es. Jetzt begegnen sie sich mit tiefer Neugierde und Wohlwollen. Sie sind gelassener als früher, weniger abgelenkt vom Klein-Klein des Alltags.

»Wir sind über 50 Jahre alt, es ist ein Geschenk, dass wir noch eine solche Möglichkeit haben und uns auch noch getraut haben«, sagt Elìzabeth. »Jetzt wollen wir einfach die Zeit, die wir noch zusammen haben, genießen.« Schicksal und Bestimmung sind große Worte, doch beide fühlen, dass sie von etwas begleitet werden. Das sie führt, auch durch die Widerstände von außen. »Wir sind in einem wunderbaren Strom, fließen gemeinsam und lassen uns treiben. Wir sind gewillt, jedem Sturm, der da kommt, entgegenzutreten«, sagt Thomas.

Er blickt auf Elìzabeth und fängt an zu schmunzeln: »Eigentlich warten wir jetzt beide darauf, dass der andere den Antrag macht.«

VON DER KLEINSTADT INS WILDE BERLIN

Annett und Rico

Das kann gar nicht klappen: sich immer aufregend zu finden, egal wie lange man schon zusammen ist. Irgendwann kennt man jede Regung, Anregung und Erregung des anderen Menschen, jede Reizbarkeit der Haut und auch der Seele, wenn man sich aneinander reibt. Man kann und will schon längst nicht mehr ohneeinander leben. Was aber könnte, sollte, möchte man miteinander noch alles erleben? Jedes Paar fragt sich das besser früher als später, damit die Sehnsucht nach neuer Aufregung nicht ihre eigenen Wege nimmt – weg von dem Menschen, den man doch eigentlich liebt.

Was will der denn hier? Rico steht vor dem Haus von Annetts Familie, er hat einen Blumenstrauß von der Tanke geholt. Billig war der nicht, aber was will man machen sonntags in einem sächsischen Straßendorf? Annett brummt noch der Kopf, die Party gestern war einfach eins drüber: die Hitze, zu wenig gegessen, die vielen geleerten Flaschen. Ein tolles Sommerfest im Garten ihrer Freundin, die ihren achtzehnten Geburtstag gefeiert hat. Auch wenn Annett irgendwann auf den Rasen kotzen musste.

Ich geh nach Hause, sagt sie, aber sie schwankt. Rico

ist auch da, den hat sie schon mal gesehen bei der Mädelsrunde am Männertag, er legt den Arm um sie und begleitet sie bis zum Haus ihrer Eltern. Mir ist kalt, sagt Annett, obwohl ihr nicht kalt ist. Rico legt ihr seine Lederjacke um. Sie schauen sich kurz zu lange an. Rico ergreift den Moment und küsst sie. »Es fühlte sich richtig an«, schwärmt Annett heute noch. »Es fühlte sich falsch an«, sagt Rico. »Sie war betrunken. Das auszunutzen, ist gar nicht mein Stil.«

Er läuft rüber zum Haus seiner Eltern, in seinem Jugendzimmer beschließt er: Morgen kaufe ich ihr Blumen. Als sie das Tor öffnet, kann sie es nicht glauben – ein junger Kerl aus dem Dorf, der sich für einen Kuss entschuldigen will. »Da hab ich ihn gleich noch mal geküsst.«

Auf dem Dorf läuft das so: Man ist schnell mal zusammen mit jemandem. Wenn es doch nicht der Richtige ist, guckt man weiter. Vielleicht hat der Freund ja einen netten Freund. Doch wie bewahrt man eine Liebe? Annett und Rico wollen es herausfinden. Sie ist 20 und noch Jungfrau. Er hatte schon ein paar Freundinnen von hier.

Heute, mehr als 20 Jahre später, führen Annett und Rico ein ganz anderes Leben. Hand in Hand laufen sie durch Berlin, feiern durch die Nächte, knutschen mit anderen herum, mal gemeinsam, mal nicht. In ihrer Heimat kennt sie so niemand.

Sie sind verheiratet. Und treffen beide noch jemand anderen. Nur zum Spaß. Aber auch zum Reden, Gedanken teilen, Alltag vergessen. Meistens im Hotel. Freundschaft plus nennt sich das heute. »Ich mag ihn sehr, aber ich liebe ihn nicht«, sagt Annett über ihren zusätzlichen Freund. »Es ist so, dass ich mich sexuell anders ausleben kann«, sagt Rico über seine zusätzliche Freundin. Eifersüchtig aufeinander ist das Paar nicht, jedenfalls nicht mehr ganz so sehr.

Wenn man Annett und Rico trifft, wirken sie auf den ersten Blick eher unscheinbar. Aber ihre Beziehung, die jugendlich verträumt und schüchtern begann, ist alles andere als gewöhnlich. Und vielleicht deshalb immer noch aufregend. Vom Dorf gekommen, haben sie sich die Stadt erobert – und sich danach ein turbulentes Liebesleben erschaffen. Sie haben gemeinsam ihre jeweiligen Grenzen ausgetestet und immer mehr ausgeweitet. Heute sind sie dafür umso entspannter. Weil sie zwischen sich noch Spannung spüren. Und klar, auch Spannungen.

Die erste andere Nacht fühlt sich für Annett merkwürdig an. Ihr Plus-Freund lädt sie zu einem ausgesuchten Essen ein, danach in ein schickes Hotelzimmer. Er hat Sex-Appeal, ist zuvorkommend, gibt sein Geld genüsslich aus. »Es war merkwürdig, einfach dazubleiben bei einem fremden Mann im Bett und nicht nach Hause zu gehen«, erzählt Annett. »Ich habe kaum geschlafen. Es fühlte sich richtig und falsch an.«

Die erste andere Nacht fühlt sich für Rico aufregend an. Er gibt sich hin. Doch die Sache gerät schnell aus der Bahn. Das Paar gerät in eine Krise, über die es noch eine Menge zu reden gibt. »Wir haben plötzlich viel gestritten, viel geweint«, berichtet Annett. »Obwohl es nur diese eine Nacht war, hat sie unsere Ehe ganz schön ins Wanken gebracht.« So ist sie also, die Eifersucht. Die Angst, den anderen zu verlieren – und mit ihm die ganze Welt, die man sich zusammen erschaffen hat.

Annett und Rico sitzen vor einem entspannten Café an

einer trubeligen Straße in Berlin-Friedrichshain. Zum ersten Gespräch über ihre Liebe haben sie Fotoalben mitgebracht. »Meine ersten Ausgehschuhe«, zeigt Annett. Ein Foto schwarzer Hackenschuhe – warum klebt man so etwas in ein Album? »Wir sehen uns heute mit anderen Augen«, sagt Rico. Mit wilderen.

Im Swingerclub sind sie längst Stammgäste. Sie schauen gerne anderen Paaren zu, die in Dessous miteinander tanzen und sich dabei ein weiteres Paar anlachen. Dann geht's gemeinsam in den Pool und später auf die Spielwiese, wo wildfremde Menschen wild übereinander herfallen. Mit Kondom. Mit einer Sicherheitsfrage vor jedem Schritt: Ist das okay für dich? Hinterher kommt eine Frau vom Club und wischt die Matratze trocken.

In Berlin gibt es nicht wenige von diesen Läden, manche Touristen reisen nur deshalb an. Anfangs sind Annett und Rico bloß zum Staunen hier, dann schlafen sie mit wechselnden Partnern, inzwischen beschränken sie sich auf Leute, die sie kennen – zum Beispiel ihre Plus-Freundschaften. »Wir waren auch schon zu viert im Club. Dann teilen wir uns auf und laufen uns zwischendurch über den Weg«, erzählt Rico. »Nur direkt nebeneinander – nee, das geht nicht für mich«, sagt Annett. Ihre Beziehung haben sie schließlich auch noch, ihren gemeinsamen Alltag, die Urlaube, das Ehebett, in das kein anderer reindarf. Der Kern ihres wilden Lebens, er soll nicht aufbrechen.

Natürlich muss eine glückliche Beziehung nicht zwangsläufig eine wilde Komponente haben. Und selbst eine solche braucht Regeln, damit die Liebe nicht aufgeregt durcheinanderwirbelt.

Diese Regeln auszutarieren, die gegenseitige Inbeziehungsetzung immer wieder neu auszubalancieren, ist eine der größten Aufgaben, die eine lange Verbindung bereithält. Denn beim Balancieren kann man leicht vom Drahtseil fallen. Und in wessen Armen landet man dann?

Annett ist 14 und schüchtern, als ihre Eltern in das sächsische Straßendorf ziehen. Sie findet eine Freundin, mit der sie zum Schulbus läuft. Die Clique im Jugendclub kennt sie nicht. Sie steht oft abseits, einige halten sie für arrogant in ihren Stadtklamotten. Also bleibt sie meist in ihrem Zimmer; liest, guckt Fernsehen oder aus dem Fenster. Schräg gegenüber steht das Haus von Ricos Eltern. Der ist immer draußen, spielt Fußball, macht Blödsinn, badet im Steinbruch, sprengt Sachen in die Luft, eckt an, hat Freundinnen und Sex. Sechs Jahre lang wohnen sie nebeneinander, aber treffen sich nie.

Schlager auf den Dorffesten, die Diskotheken abgerockt. Im Fernsehen sieht Rico die Loveparade in Berlin: Da muss man hin. Und Annett gibt sich ein Versprechen: Wenn ich erwachsen bin, hau ich hier ab. Als er mit den Blumen von der Tanke vor ihr steht, ist er fast mit seiner Lehre fertig, sie mit ihrem Abi. Aber der Heimat, der schönen, entkommt man nicht so leicht.

Annetts Mutter lehnt ihn ab. Rico, der Typ aus dem viel zu lauten Jugendclub? Der manchmal nach Dresden fährt und sich im Fußballstadion bei Dynamo kloppt? Du hast was Besseres verdient, mein Kind! Er wird nicht eingeladen zu Familienfesten. Annett hält schon aus Trotz zu ihm.

Dann zieht sie um, endlich selbst gewählt. Annett geht

zur Ausbildung in eine Kleinstadt, in die erste WG. Rico ist erst mal arbeitslos, viel gibt es nicht zu tun im sächsischen Gebirge nach dem Umbruch der 90er, er meldet sich bei der Armee. Ausgerechnet Annetts Mutter führt im Nachbardorf die Musterung durch und schickt ihn in eine Kaserne an die Ostsee – möglichst weit weg. Wär doch gelacht, wenn man die beiden nicht auseinanderkriegt.

Es ist aber alles zum Heulen. Schicksalsschläge treffen Annetts Familie. Rico tröstet, spricht Mut zu, legt Annett wieder eine Jacke aus Zuneigung um. Sie treffen sich an den Wochenenden in ihrer neuen Kleinstadt, spazieren Arm in Arm, um Schönes zu sehen. Wenn sie durch Schlossparks wandeln, malen sie sich aus, wie es wäre zusammenzuwohnen. Vielleicht sogar in einer großen Stadt. Sie gehen nett essen, ins Kino, suchen ihre Welt. Das Credo: Uns bringt nichts auseinander. Und irgendwann klappt es – sie ziehen nach Berlin.

An jeder Ecke eine neue Welt. Gärten, Parks, wuseliges Treiben. Auf dem Dorf bekommt man abends um acht nichts mehr zu essen, hier machen die Clubs um Mitternacht erst auf. Annett und Rico erwandern sich die Stadt, immer drei S-Bahn-Stationen am Stück, beim nächsten Mal von da aus weiter. Die Menschen hier erleben sie als freier, freimütiger. Scheu, jemanden in einem schönen Moment zu küssen, hat offenbar kaum jemand. Annett und Rico heiraten. Und schwören sich: Hier bleiben wir.

Wie viele Neuanfänge braucht eine Beziehung, damit sie lange hält? Muss sie sich ausweiten, um ganz bei sich zu bleiben? Die Sprünge von Rico und Annett sind gewaltige: vom Dorf in die Stadt, von der Zweisamkeit in die Offenheit, von geheimen Gelüsten zur geteilten Lust. Jetzt also Ehe plus wilde Nächte plus Freundschaft plus. Wenn sie sich abends in ihr Ehebett kuscheln, schreiben sie ihren zusätzlichen Partnern noch eine Nachricht: *Schlaf gut! Sehen wir uns vielleicht übernächste Woche?* Bloß wenn Rico vor dem Einschlafen noch länger auf den Tasten herumtippt, kann sich Annett einen Spruch nicht verkneifen: »Musst du ihr jetzt so eine ellenlange Nachricht schicken?« Es ist ein bisschen im Scherz gemeint und ein bisschen nicht.

Das Gute ist: Keiner hat eine geheime Affäre. Sie reden offen über alles, auch wenn es manchmal schwerfällt und schmerzt. Sie wissen jeweils, wer die zusätzliche Person ist, wie sie aussieht, was sie beruflich macht, welche Hobbys und Sorgen sie hat. Sie lassen die Welt der anderen in ihre eigene Welt hinein. Um diese zu erhalten.

Heirat, Kinder, Glück – so läuft das Leben doch, oder? Nach der Hochzeit kriselt es zum ersten Mal in ihrer Beziehung. Es wird langweilig im Kopf und im Bett. Annett und Rico leben nebeneinanderher, sie lacht sich einen Kollegen an, schreibt ihm Nachrichten. Bald haben sie schriftlich Sex, fantasieren sich vor, was sie miteinander anstellen würden. Rico bekommt es mit, die Stimmung wird gereizt, aber aufhören will Annett nicht. Er tobt eifersüchtig bei ihrer Arbeitsstelle herum, liest heimlich ihre Nachrichten. Und er merkt etwas Seltsames: Es macht ihn auch an.

Annett lacht laut auf, wenn sie an diese Zeit zurückdenkt: »Erst hast du gebrüllt, dann hast du dir einen runtergeholt.« Heute lacht auch Rico drüber.

Die erste, tiefere Schicht ihrer Beziehung: anderer Sex.

Sie gehen ins Kino, sehen »Fifty Shades of Grey« und sind geflasht. Sex kann mehr sein als Verkehr: Kontrolle abgeben, jemandem zärtlich wehtun, mit mehreren Leuten rummachen. Sie setzen sich zu Hause hin, es ist ein konzentriertes Gespräch: Okay, was wollen wir? Wovon träumst du im Bett und ich im Kopf? Sie kaufen ein in Shops fürs Berliner Nachtleben. Sie gehen in Clubs und klopfen an die Tür, weil sie nicht wissen, wo die Klingel für den Einlass ist. Sie berauschen sich und entdecken die nächste tiefe Schicht in sich. Dafür geben sie sich Regeln: Wenn wir ausgehen, fahren wir gemeinsam hin und gemeinsam zurück. Ihr Zuhause bleibt allein ihr Reich.

Kinder wollen sie gar keine, stellen sie fest. Lieber anders leben. Im Wohnzimmer steht eine Vitrine: eine Peitsche liegt darin, Sexspielzeug. Ab und zu blättern sie durch ihre Fotoalben: Flyer von Partys, Kassenbons von teuren Slips. Belege ihrer Verwandlung.

Jede tiefere Schicht, die sie gemeinsam erforschen, bringt Härten mit sich. Ricos erste Nacht mit der neuen Plus-Freundin gerät aus der Bahn. Sie sind gemeinsam mit ihr im Swingerclub, zum besseren Kennenlernen. Rico sagt zu Annett, er zeige der Frau mal eben den Club. Doch er kehrt nicht zurück aus dem Keller, in dem die Ketten hängen und die Gerten liegen. Als Annett ihn nach einer Stunde da rausholt, ist sie fuchsteufelswild. »Es wäre okayer gewesen, wenn er mir es vorher gesagt hätte«, sagt Annett heute. Aber falls er das damals getan hätte: Wäre es wirklich okay gewesen?

Vorher war sie immer die Aktive, flirtete und machte mal mit anderen rum. Plötzlich hat auch er jemanden in petto, dann noch so eine Schlanke, Herausfordernde. Und sie ist ungebunden. Annett wittert in ihr eine große Gefahr, eine Konkurrentin. Aber sie kann Rico kaum versagen, was sie sich selbst herausnimmt.

Was findet er so toll an der anderen Frau? Rico antwortet beim Gespräch im Café lange nicht auf diese Frage. Hat er Angst, das Falsche zu sagen? Oder ist er einfach sehr sensibel für Annetts Grenzen? Sie lacht kurz auf: »Na das beruhigt mich ja, wenn dir so lange nichts dazu einfällt.« Rico formuliert es dann so: »Mir gefällt, dass ich mich sexuell anders ausleben kann. So sehe ich dann manchmal eben auch aus.« Wenn er nach Hause kommt nach einer Nacht im Hotel und duschen geht, sieht sie die Spuren der anderen Frau auf seinem Körper. Innerlich bringt sie das auf – dass er das alles mit sich machen lässt, dass die andere das alles mit ihm macht. »Ich komme auch mal mit einem Knutschfleck nach Hause, aber nicht mit Schrammen und Kratzern«, sagt Annett, »aber ich kann dir nicht verbieten, es schön zu finden.« Und ihr selbst wäre es im Bett zu viel. Erst recht in ihrem Ehebett.

Ihre tiefgründige Beziehung verlangt Rücksicht aufeinander, sogar bei der Terminplanung. Die wilden Dates mit ihren Plus-Freundschaften stimmen sie möglichst genau miteinander ab. Zuletzt ging allerdings etwas schief. Sie hatten zwei Zimmer gebucht am selben Wochenende im selben Hotel, es hat 1000 Zimmer auf sieben Etagen. Doch beim Einchecken stellt sich heraus: Sie wurden nebeneinander gebucht. Mit Durchgangstür. »Ich hab von meiner Seite gleich die Klinke runtergedrückt, die Tür war zum Glück verschlossen«, erzählt Rico. »Ich hab mich gar nicht getraut, die Klinke anzufassen«, gesteht Annett. Sie gehen erst mal getrennt essen, Annett mit ihrem Zusatzfreund dann noch in den Club. Am nächsten Morgen aber hört sie die Geräusche von nebenan, erkennt Rico an jedem Ton. »Mein Typ musste früh wieder los.« Annett blickt beim Erzählen zu Rico rüber. »Ihr beide wart noch da, da habe ich euch gehört. Ich hab das Handy laut gemacht und TikTok-Videos geguckt.« Rico gibt zu: »Wir sind ja dann auch etwas lauter.« Darüber müssen sie jetzt beide lachen. Nein, das soll ihnen nie wieder passieren. »Das war selbst für uns schräg«, lacht Annett. Auf dieses *selbst für uns* sind sie auch ein bisschen stolz.

Wie soll es weitergehen, wie können sie ihre Beziehung noch vertiefen? Rico sieht alles ganz entspannt, vielleicht fahren sie mal mit ihren Plus-Partnern getrennt ein Wochenende weg. »Aus dem Alltag muss man auch flüchten dürfen. Aber niemals für immer«, sagt er. Annett wünscht sich, dass sie weiterhin über alle Sehnsüchte und Gefühle reden, auch wenn es dann mal Tränen gibt. »Vielleicht sitzen wir in einem Jahr ohne zusätzlichen Partner hier. Vielleicht zu viert. Oder die anderen Partner haben neue Partner und wollen nicht mehr. Oder alle wollen das Gleiche, und wir machen eine Kommune auf.« Wer weiß denn schon, was die Liebe alles bringt? Besonders, wenn sie einem schon so viele Schichten und Geschichten gebracht hat.

Zuletzt waren Annetts Eltern aus dem Straßendorf zu Besuch in der großen, wilden Stadt. Ihre Mutter hat Rico längst ins Herz geschlossen. Sie sahen die Vitrine mit der Peitsche und dem Spielzeug, verloren aber kein Wort darüber. Wenn Annett und Rico in ihr Heimatdorf fahren und mit Kumpels am Lagerfeuer sitzen, bleibt ein gemeinsamer Freund auch mal länger, mit dem sie sich dann draußen zu dritt vergnügen. Es ist vielleicht die nächste Schicht ihrer Geschichte, aber womöglich auch die schwierigste: alle Welten miteinander zu versöhnen. Nach zwölf turbulenten Jahren Ehe in Berlin. Mehr als 22 Jahre nach den Blumen von der Dorf-Tanke. Und den ersten Worten: Ich möchte mich bei dir entschuldigen, weil ich dich geküsst habe.

NIEMALS MIT DER TRENNUNG GERECHNET

Simon

Nachdem Sonja ausgezogen ist, kann Simon nachts nicht mehr schlafen. Er wälzt sich im Bett hin und her, hört seinem Wecker beim Ticken zu, und wenn er sich einbildet, dass es dämmert, morgens um vier, setzt er sich auf sein Rad und fährt los – über Feldwege und Landstraßen, ohne Ziel. 5000 Kilometer reißt er so in einem Jahr runter. 30 Jahre lang war er mit Sonja verheiratet.

Sonja und Simon, die eigentlich anders heißen, lernen sich im Studium kennen, in den 1970ern. Da sind sie Anfang 20. Simon studiert Theologie, Sonja Anglistik. Beide sind unerfahren, verklemmt, leise und verschüchtert. Denn beide wurden streng erzogen. Simon in einem protestantischen Pfarrershaushalt und Sonja in einer pietistischen Familie. Es gibt ein Foto von Simon, da tanzt er bei einer Schulveranstaltung mit weit ausgestreckten Armen mit einem Mädchen, nur um ihm nicht zu nahe zu kommen. Das wurde ihm so eingebläut, und daran hält er sich. Genau wie an den Satz seiner Mutter: »Die Frau, die man küsst, heiratet man auch.«

Nach ihrer Hochzeit, als Sonja und Simon ein Paar mit

offiziellem Status sind, also dem Status, der für ihre Eltern der einzig akzeptable ist, hätte ihnen das eigentlich Freiheit verschaffen können. Unabhängigkeit und Ausgelassenheit. Immerhin sind sie noch an der Uni und könnten jetzt das gleiche Leben führen wie ihre Kommilitonen. Doch mit Sonjas Eltern gibt es weiter viel Ärger, weil ihnen ein angehender Dorfpfarrer nicht fromm genug ist. Simon erinnert sich an Besuche, bei denen die Mutter Sonja beschimpft, fragt, wie sie ihr das antun könne – so einen Mann. Dabei will Sonja ihr gar nichts antun, sondern einfach mit dem Menschen zusammen sein, in den sie sich verliebt hat, als er ihr im Studierendenwohnheim ein Lied auf der Gitarre vorspielte.

Aber es ist nicht nur der Streit mit den Eltern, der auf Simons und Sonjas Stimmung drückt. Es ist auch das Geld, das ständig fehlt, und das Studium, das ihnen oft zäh vorkommt, mit dem sie sich aber beide beeilen müssen, weil es teuer ist. Für Simon fühlt sich das Leben in dieser Zeit oft diesig an. Wie ein nicht enden wollender Regentag.

Fünf Jahre später ist Sonja zum ersten Mal schwanger. Sie ziehen mehrmals um, wegen Sonjas Referendariat an einer Schule und wegen Simons erster Stelle in einer Gemeinde. Ihr Alltag ist weiterhin beschwerlich. Ein Dreivierteljahr nach der Geburt ist Sonja schon wieder schwanger. Dieses Mal mit Zwillingen. Jetzt haben sie drei Kleinkinder zu Hause. Sie stellen eine Haushaltshilfe an. Dann kommt das vierte Kind.

Den Gedanken, dass es zwischen ihnen einfach nicht

passt, dass alles so mühsam ist, weil sie sich nicht gut ergänzen, weil sie eine viel zu kurze Testphase für eine viel zu große Herausforderung hatten, den habe er nicht gehabt, erzählt Simon. Er ist mittlerweile 70 und pensionierter Pfarrer. Trennungen, ungerade Lebenswege, sich das Scheitern einer Liebe einzugestehen, die leider doch nicht so stark ist, wie man einmal angenommen hat – er weiß, dass es das gibt. Aber nicht bei ihm, nicht in seinem Leben.

Sonja und Simon arrangieren sich. Sie wohnen in einem schönen Haus mit riesigem Rosengarten, bieten als therapeutische Seelsorger gemeinsame Beratungen an, engagieren sich in der Gemeinde, schauen ihren Kindern beim Großwerden zu und verreisen oft. Sonja nimmt Gesangsstunden, spielt Klavier, singt auf Veranstaltungen. Simon mag es, ihr zuzuhören. Streit gibt es keinen. Jedenfalls keinen, den man hört.

Als Simon und Sonja Mitte 50 und ihre Kinder so alt sind, dass sie entweder ausgezogen sind oder nur noch zum Essen nach Hause kommen, verbringen sie einen Urlaub in Israel.

In Israel streiten sie sich nun doch – und zwar andauernd. Weil das Wetter zu heiß ist oder das Essen im Restaurant zu teuer. Sie tun das in einem Ton, den es davor zwischen ihnen nicht gab. An einem Abend in einer Ferienwohnung in einem Künstlerdorf schlafen sie in getrennten Zimmern. Sonja sagt, dass sie sich trennen müssen, wenn es so weitergeht. Das ist zu Ostern. Pfingsten zieht sie aus.

Simon will es wieder hinbekommen. Er kann sich ein Leben ohne Sonja nicht vorstellen und auch nicht, das Versprechen zu brechen, das er vor Gott gegeben hat, nämlich dass die Ehe hält, bis der Tod sie scheidet. Er schämt sich, abends allein auf der Couch zu sitzen oder am Esstisch oder auf dem Stuhl im Garten. Er schämt sich vor seinen Kindern, den Nachbarn und vor der Gemeinde. Er schämt sich, es nicht besser mit Sonja hingekriegt zu haben.

Alle paar Wochen treffen sie sich zur Paartherapie. In einer Sitzung sagt Sonja zu Simon, dass er sich keine Hoffnungen mehr zu machen brauche. Dass sie nicht zurückkommen möchte, sondern stattdessen die Scheidung will. Vor Simons Augen wird es schwarz, in seinem Kopf fängt alles an zu rasen.

Er hat keinen Plan, wie das geht – ein Leben als Single, als alleinstehender Mann, Pfarrer, Vater. Das passt nicht zu seinem Selbstbild und auch nicht zu den Geschichten, die er über das Leben kennt. Im Auto auf der Landstraße überlegt er, ob er in die Leitplanke fahren soll. Er lässt es wegen der Kinder.

An einem Tag kommt Simon nach Hause – und das ganze Geschirr und die Hälfte der Möbel sind weg. An einem anderen wird der Steinway-Flügel abgeholt, den Sonjas Eltern ihr geschenkt hatten und den er so mochte.

Simon muss zum Personalreferenten des Oberkirchenrats und erklären, wie es zu der Trennung kam. Dass der Grund dafür kein Ehebruch war oder Missbrauch. Und dass auch nicht er seine Frau verlassen hat, sondern sie ihn. Der Gemeinderat spricht ihm schließlich sein Vertrauen aus. Simon versucht, offen mit der Situation umzugehen, um Gerüchte und Lästereien zu vermeiden.

Obwohl er kaum noch schläft, quält er sich jeden Tag zur Arbeit, tut das, was von ihm erwartet wird: lächelt bei Vorgesprächen für geplante Trauungen und guckt bestürzt, wenn es um Beerdigungen geht. Aber manchmal muss er, während er die Predigt im Sonntagsgottesdienst hält, seine Tränen wegdrücken.

Als es langsam wieder Frühling wird, fängt Simon an zu akzeptieren, dass Sonja nicht wiederkommen wird und sein altes Leben auch nicht. Es gibt sogar Momente, in denen er sich traut, das ganz gut zu finden. Gesundheitlich geht es ihm besser: Er nimmt ab, hat nicht mehr ständig Heißhungerattacken auf Süßigkeiten und macht viel Sport.

Mit einem befreundeten Paar fährt er in den Urlaub nach Kärnten in Österreich. Auf der Jauntalbrücke über der Drau werden Bungee-Sprünge angeboten. Es geht 96 Meter nach unten. Auf Wunsch kann man sich bis zur Hüfte in den Fluss eintauchen lassen. Simon bucht das volle Programm. Im Nachhinein sagt er: »Das war der Sprung in mein neues Leben.«

Ein Jahr nach der Trennung meldet er sich auf Parship an. In sein Profil schreibt er, dass er ein geschiedener Pfarrer mit vier Kindern ist und dass er eine Frau sucht, die Klavier spielen kann. Seine Freunde sagen, dass er verrückt geworden ist – dass er froh sein soll, wenn ihn überhaupt jemand anschreibt, und er bloß keine Ansprüche stellen darf. Doch dann meldet sich Nora. Sie treffen sich an einem Frühlingstag in Tübingen. Sie kommt in einem roten Kleid, ist Pianistin, und Simon hat plötzlich große Lust, sich noch mal zu verlieben.

Nora auch. Denn Nora hat sich fest vorgenommen, dass die Parship-Anmeldung ihr letzter Versuch sein würde. Ihr letzter Versuch, der Liebe ein bisschen nachzuhelfen, also sie nicht bloß dem Zufall zu überlassen, sondern auch ein bisschen den Algorithmen. Und ihr letzter Versuch, um jemanden zu finden, mit dem sie alt werden möchte. Falls das nichts wird, plant Nora, in eine Kommune mit anderen alleinstehenden Frauen zu ziehen.

Nora ist, bevor sie Simon kennenlernt, viele Jahre Single. Nachdem es mit einigen potenziellen Partnerschaften nicht geklappt hat und mit einigen potenziellen Vätern für potenzielle Kinder auch nicht, entscheidet sie sich dafür, sich komplett ihrem Beruf zu widmen. Morgens, wenn andere Menschen ihre Kinder wecken und anziehen, spielt Nora Klavier, vormittags, wenn andere in einen Fahrstuhl steigen, um ins Büro zu fahren, spielt sie und abends, wenn Familien in der ganzen Bundesrepublik am Abendbrottisch sitzen, auch. Sie mag das, aber vermisst auch etwas. Dann sitzt da Simon im Café.

Es dauert nicht lange, bis die beiden heiraten. 16 Jahre ist das jetzt her. »Es war wieder zu schnell«, sagt Simon. Dieses Mal ist es trotzdem anders. Dieses Mal holen sie das Kennenlernen in ihrer Ehe nach und das Aufarbeiten der Vergangenheit auch. Sie besprechen, was schön war und was frustrierend, was sie sich wünschen und worauf sie unbedingt verzichten wollen.

Aber ihnen begegnen auch die Kompliziertheiten einer zweiten Ehe. Simons Kindern fällt es schwer, ihn mit einer anderen Frau zu sehen. Nora hat ständig das Gefühl, nicht nur einen Mann, sondern auch einen komplexen Anhang geheiratet zu haben - ohne selbst dergleichen vorweisen zu können. Die ersten Jahre, sagt Nora, habe sie sich oft als Außenstehende gefühlt. Als Fremdkörper, der in ein geschlossenes System eindringt. Simon spürt vor allem Stress, so als könnte er es niemandem recht machen und müsste sich zerteilen zwischen Nora und seinen Kindern.

In dieser Zeit lernt Simon das Streiten von Nora und Nora das Behutsamsein von Simon. Nora stellt ihre Wut, ihr Unverständnis darüber zurück, dass sie sich Simons Aufmerksamkeit mit so vielen anderen teilen muss. Und Simon versucht, besonders auf Nora zu achten.

Das, was zwischen ihnen ist, pflegen sie akribisch, zelebrieren ihre Liebe, behandeln sie aber auch ganz vorsichtig - wie etwas Zerbrechliches. Denn immerhin wissen sie jetzt beide, dass das geht, dass Liebe zerbrechen kann. Aber diese, da sind sie sich ziemlich sicher, wird halten.

DREI FRAUEN
UND EIN MANN

Tinatin, Imogen, Clara und Jadu

Der Tag beginnt heute etwas später. Jadu und Imogen, zwei der Liebenden, die hier leben, sitzen zusammen draußen in der Mittagssonne und spielen mit drei kleinen Kindern. Einen Jungen hält Imogen im Arm, wiegt ihn sanft an ihrer Brust. Die anderen Kleinen pusten Seifenblasen umher und turnen auf dem beständig lachenden Jadu herum, sie sind ebenfalls seine Kinder, aber von anderen Müttern. Ein Mann, drei Frauen, vier Kinder, ein Jugendlicher. Eine große Familie.

Es ist ein sommerlich entspannter Herbsttag in den Weinbergen von Stuttgart, in denen ihr gemeinsames Zuhause liegt, mit Blick ins Tal und auf ein Leben, das da unten ganz anders funktioniert als hier oben. »Wir sind die Offenen, und die anderen sind die Geschlossenen«, sagt Jadu, der Herr im Hause, der alle drei Frauen liebt und von allen dreien geliebt wird. Gemeinsam sind sie hier stolz darauf, sich Gefühle und Kinder, Lasten und Lust zu teilen. Aber sind sie auch gleich glücklich?

Die Familie, das sind: Tinatin, 28, eine lebenslustige Innenarchitektin aus Georgien. Clara, 29, eine sanftmütige Krankenpflegerin aus einem westdeutschen Dorf. Imogen, 37, eine energiegeladene Managerin aus Stuttgart.

Und Jadu, 33, ein träumender Tänzer und Lehrer aus Brasilien. Sie erziehen vier Kinder und einen Teenager.

Freiheit und Liebe ziehen sich an und stoßen sich ab. Einander aufregend zu finden, regt dazu an, sich gemeinsam neue Freiheiten zu erobern, sich herauszuwagen aus eigenen Genügsam- und Gemütlichkeiten. Wenn man dann aber eine erregende Liebe festhalten möchte, schränkt man die gewonnene Freiheit oft wieder ein – gibt sich Regeln, an die sich alle zu halten haben, damit die Beziehung halten möge. Irgendwann hält sich irgendwer nicht mehr daran. Wegen der verlorenen Freiheit.

Wenn alle alles tun und lassen können, so wie sie es wollen, sind sie dann frei? Imogen, die Managerin, schüttelt bestimmt den Kopf: »Das Gefühl von Freiheit bekommt man nur, wenn man mit Menschen zusammen ist, die einem gerne Freiheit geben.« Offenheit und Innigkeit in einer Balance – wie kann Liebe das schaffen?

Jadu steht in der Küche, brät ein spätes Frühstück und erzählt von seiner brasilianischen Heimat. Als Jugendlicher hatte er fast immer eine Freundin, die Frauen mochten seine zugewandte Art, auch dass er gut tanzen und Basketball spielen konnte. Und ja, er mochte die Frauen. Mit 16 wurde er zum ersten Mal Vater, stürzte sich tatenhungrig in sein neues Leben. Seine Jugendlichkeit aber wollte er trotz der neuen Verantwortung nicht aufgeben. »Meine Freundin hatte ein Abenteuer mit einem anderen Mann, da hab ich ihr gesagt: Kein Problem, wir sind jung, warum nicht? Als ich dann Sex mit einer anderen Frau hatte, hat meine Freundin mit mir Schluss gemacht und unser Kind mitgenommen.« Jadu schüttelt den Kopf.

Liebe sollte niemals mit Besitz verwechselt werden, findet er.

Mittlerweile ist es voll geworden in der Küche. Neben Jadu und Imogen, die einen Kaffee kocht, toben nun vier Kleinkinder um den Tisch herum, auf einer Sitzcouch hat sich die lächelnde Clara niedergelassen, auch sie ist hier Mutter und Partnerin. Jadu begrüßt Clara mit einer Umarmung und einem Kuss auf den Mund.

Die dritte Frau, Partnerin und Mutter, Tinatin, ist heute Nachmittag nicht zu Hause. Sie hat bei ihrem zweiten Mann übernachtet. Manchmal kommt der auch vorbei im Haus der freien Liebe an den Weinhängen. Dann sind sie zehn Leute – inklusive Jadus erstem Sohn, der zuletzt aus Brasilien hergezogen ist und sich noch an den Trubel gewöhnen muss. Sie alle leben in gerade einmal drei Zimmern, die vor allem aus Liegeflächen bestehen. Es ist eng. Aber niemand soll sich eingeengt fühlen.

Polyamorie vervielfacht die Liebe. Aber sie verkompliziert das Leben. Da die Familie unten in der Stadt noch ein brasilianisches Restaurant mit Tanzschule und Kulturbühne betreibt und gleichzeitig die Kinderschar oben am Berg betreut werden will, müssen Termine und Verantwortlichkeiten gut aufgeteilt werden. Dafür treffen sich die Erwachsenen jeden Montag ganz förmlich zur Wochenplanung. Eine befreundete Therapeutin hatte dem Quartett dazu geraten, als allen die Komplexität ihres Lebens über die Köpfe zu wachsen drohte.

Es ist noch gar nicht so lange her, dass ihre Nerven zusammenbrachen. »Ich bin oft nachts aufgewacht, hatte die vielen anstehenden Aufgaben im Kopf. Gleichzeitig habe ich mir sofort Gedanken darüber gemacht, wie ich dabei auf die Bedürfnisse und Empfindlichkeiten der anderen Rücksicht nehmen kann«, erzählt die wortgewandte Imogen. Eigentlich eine Anpackerin, wird der hochgewachsenen Frau das Lebensmanagement zu viel. Der Umbau des Restaurants, die wachsende Familie, der Papierkram, die nächste Schwangere im Haus, wieder mal eine Kinderkrankheit und bei den Erwachsenen eine stets neu auszubalancierende Gefühlswelt. »Niemand von uns hat offen gesagt, was man selber will oder braucht oder machen möchte.« Sie nehmen oft Rücksicht, außer auf sich selbst.

Inzwischen lautet die Verabredung, dass Imogen und Jadu sich insbesondere um das Restaurant kümmern. Clara und Tinatin sind eher im Lead bei den Kindern. Der Nachwuchs scheint sowieso sehr vom kommunenhaften Familienleben zu profitieren: Immer sind Geschwister zum Spielen da und verschiedene Erwachsene zum Lernen, Bespaßen und Trösten. Auch wenn jedes Kind eine andere Mutter hat, wird Tinatin später im Gespräch sagen: »Es sind alles unsere Kinder.« Polyamorie vervielfacht auch die Mutterliebe.

»Kommt mal mit«, ruft Clara und lotst die Kinder aus der Küche. »Ihr könnt drüben auf dem Bett toben.« Imogen, die im Restaurant gerade ein frisches Serviceteam eingestellt und ein Eventkonzept erarbeitet hat, schaut dem glucksenden Tross bewundernd nach. »Clara ist so liebevoll und geduldig mit den Kleinen.« Vielleicht steckt in diesem Kompliment das eigentliche Geheimnis ihrer Gruppe: Jede und jeder kann eigene Stärken einbringen.

Wenn jemand krank wird oder mal etwas für sich tun möchte oder gar ein Date außerhalb ihres Kreises hat, springt ein anderer ein. Clara zum Beispiel, eine zarte Frau mit ruhiger Stimme, nimmt sich gerade Zeit für eine Massageausbildung. Auch ihre Verschiedenheit verbindet sie.

Tinatin. »Sie ist künstlerisch und empathisch, sie hat ein sensibles Gefühl dafür, welche Atmosphäre andere Menschen gerade brauchen.« So wird sie von Imogen beschrieben.

Tinatin, die in Georgien aufgewachsen ist, kommt als junge Innenarchitektin und Geigenspielerin auf einer Orchesterfahrt zum ersten Mal nach Deutschland. Sie schätzt das Gefühl, sich hier als Frau sicherer in der Öffentlichkeit bewegen zu können, als sie es in ihrer Heimat erlebt hat. In der Berufsorientierung in Stuttgart lernt sie Jadu bei einem Tanzkurs kennen und verliebt sich sofort in ihn. »Ich hatte schon beim ersten Anblick das Gefühl, dass ich ihn kenne.« Sie ist 20 und will keinesfalls heiraten, weil Frauen dabei gegenüber Männern oft den Kürzeren ziehen, wie sie beobachtet hat. Jadu aber erscheint ihr anders, er spricht vertrauensvoll mit ihr, gesteht offen seine Träume und Zweifel, sagt aber auch sofort: »Ich lebe mit anderen Frauen zusammen. Willst du dazukommen?«

Tinatin hat Respekt vor den Fremden, die schon so eng an dem Menschen sind, den sie sich noch erobern muss. »Ich wollte die anderen ja auch nicht verletzen.« Aber sie fühlt sich schneller integriert als gedacht und wird schwanger, nicht geplant, aber auch nicht ungewollt. Sie schickt ihren Eltern das Ultraschallbild nach Georgien. Wann wirst du heiraten?, kommt als Frage zurück. Dass sich Tinatin entschlossen hat, einen anderen Weg zu wählen, erzählt sie ihnen erst später auf Heimatbesuch, »aber es ist sowieso meine Entscheidung als erwachsene Frau«. Ebenso wie der Entschluss, ein zweites Kind mit Jadu zu bekommen.

Tinatin will nicht nur beruflich Wohnräume ausstaffieren, sie möchte ihr Leben selbst gestalten. Ihre beiden Söhne und die neue Konstellation geben ihr viele Möglichkeiten dazu. Nun, da die Kinder größer werden, hat die 28-Jährige schon neue Träume, will Kunst machen, Fotografie, Malerei, auch Schreiben, sie schult sich außerdem als psychologische Beraterin. »Ich möchte einmal Menschen helfen, die nach der Liebe suchen.« Sie habe da mittlerweile viele Erfahrungen gesammelt, sagt sie und schiebt lachend ihre lockigen Haare zurück.

Clara. »Sie ist ein zarter Gefühlsmensch. Bei ihr ist man immer gut aufgehoben.« So wird sie von Tinatin beschrieben.

Aufgewachsen auf einem westdeutschen Dorf kommt Clara für eine Ausbildung zur Krankenpflegerin nach Stuttgart. Auch sie lernt Jadu beim Tanzen kennen, findet ihn attraktiv und sein Beziehungsmodell spannend. »Ich hatte davor zwei monogame Beziehungen, in denen Eifersucht andauernd Thema war. Das hat mich immer gestört.« Jadu lädt Clara ins Freibad ein, damit sie dort vor allem Tinatin kennenlernen kann; es sind noch andere Leute dabei, um die Situation zu entkrampfen. »Ich war sehr aufgeregt, und es ging ein bisschen holprig los. Wir haben nicht so viel geredet.« Werden die anderen sich wirklich auf mich einlassen und mich mögen?, fragt sich

Clara. Die Antwort bekommt sie, als sie kurz darauf krank wird. »Da durfte ich bei ihnen wohnen, und sie haben mich gepflegt.«

Gerade Jadu kümmert sich sehr liebevoll um die neu hinzugekommene Clara. Vielleicht ist dies eines der Geheimnisse dafür, dass immer mehr Frauen bei ihm einziehen. Miteinander schlafen die Frauen nicht, auch wenn sie es der gemeinsamen Verabredung nach tun könnten. Jadu ist ihnen genug, das sagen alle drei auf Nachfrage. Sind sie es ihm umgekehrt auch?

Mit ihren Gefühlen kommt Clara anfangs nicht klar. Sie ist aufgeregt, wenn sie Jadu in seiner Kommune besucht, die Freunde manchmal als »Harem« verspotten. Sie will ihm in die Augen sehen und ihn berühren, Zeit mit ihm teilen, doch nebenan ist immer jemand, der ihn schon besser kennt. »Das war nicht einfach für mich«. Und: Was werden bloß ihre Eltern sagen, wenn sie in eine solche Beziehung einsteigt? Clara fährt erst einmal drei Monate nach Brasilien, um die Kultur des Mannes besser kennenzulernen, den sie liebt, und über ihre Zukunft nachzudenken. »Ich hatte immer Schwierigkeiten, mich richtig zu binden«, sagt die 29-Jährige rückblickend. Ist diese Verbindung – fest, aber irgendwie auch locker – die richtige für Clara? In der letzten Woche ihrer Auszeit kommt Jadu dazu. Er bringt Imogen mit, seine andere neue Freundin.

Imogen. »Sie ist begeisterungsfähig und impulsiv. Sie kann einem Sicherheit vermitteln.« So wird sie von Clara beschrieben.

Imogen fällt auf den ersten Blick ein bisschen heraus aus der Gruppe. Sie ist größer gewachsen, mit 37 schon älter, von Anfang an verwurzelt hier in Stuttgart. Ihre ersten Männer liebte sie aufrichtig, aber die Vorstellung, mit ihnen einmal ein Haus zu bauen, Kinder zu bekommen, zusammen den Rasen zu pflegen und miteinander die Wochenenden zu planen, die »schnürte mir immer ein wenig die Luft ab«. Für die Hochzeit ihres Bruders organisiert sie eine Band, geht zum Schnuppertanzkurs und trifft auf Jadu. Sie ist zu dem Zeitpunkt bereits seit fünf Jahren erfolgreiche Unternehmensberaterin mit Cabrio und Jetset-Leben. Aber das macht sie nicht glücklich.

»Ich habe gemerkt, dass ich so gar nicht weiterleben will. Ich war richtig quadratisch geworden, hab tagsüber nur in den Computer und abends dann Serien geguckt, ich war ein programmierter Mensch.« Jadus Beziehungsgeflecht mit seinen Frauen, die sie bei einem entspannten Grillabend kennen- und gleich schätzen lernt, bietet ihr die Chance, ihren alten Alltag hinter sich zu lassen. Wie immer in ihrem Leben entscheidet sich Imogen schnell. Als sie mit Jadu nach Brasilien fliegt, um Clara zu besuchen, wird ihr auf der Rückreise schlecht. Nach der Landung schlägt der Schwangerschaftstest an. Später bei der Geburt steht ihr Clara im Kreißsaal bei.

Jadu. »Er ist ganz spielerisch mit uns und mit den Kindern und gleichzeitig ernst und verantwortungsbewusst. Es ist sehr angenehm, so einen Papa und so einen Mann zu haben.« So wird er von Imogen beschrieben.

Jadu hat lockige Haare und mit 33 noch ein kindliches Lachen, er strahlt Aktivität aus und gleichzeitig Ruhe. Und ja, er kann gut tanzen und dabei Frauen in sein Leben hineindrehen. Als sehr junger Vater fängt er früh an zu arbeiten, nach dem Scheitern seiner Beziehung an Eifersucht geht er 2009 nach Deutschland, um Waldorflehrer in Stuttgart zu werden. Gleich nach der Ankunft lernt er die junge Ana kennen und lieben, sie kommt aus Georgien, auch sie ist jugendlich wild wie er. Also denken sie bald über das große Thema nach: Wie können wir frei in der Liebe sein?

Es wird ein langes Gespräch, das Jadus Leben grundsätzlich verändert. Jadu sagt zu Ana: »Ich bin mir sicher, dass ich einmal fremdgehen werde, aber ich bin mir auch sicher, dass ich dich für immer liebe. Wenn du dann weggehst, werde ich nicht aufhören, dich zu lieben. Wollen wir es lieber von Anfang an anders versuchen?« Sie probieren vieles aus, gehen nach Brasilien, kommen da aber nicht richtig an und kehren wieder zurück. Danach öffnen sie Stück für Stück ihre Beziehung.

Jadu zieht mit Ana zusammen, dann zieht Marina dazu und bekommt ein Kind von Jadu, lernt aber in der offenen Konstellation einen anderen Mann kennen, mit dem sie schließlich weggeht, das Kind an ihrer Hand. Jadu lädt Tinatin ein, die Ana zufällig schon aus Georgien kennt, sie bekommt zwei Kinder von Jadu. Ana geht, dafür zieht Imogen ein und bekommt ein Kind von Jadu. Kurz darauf kommt Clara hinzu, auch sie bekommt ein Kind von Jadu. Zuletzt kehrt Jadus erster Sohn zurück, der inzwischen 16 ist. Viel freie Liebe also, aber auch viel Arbeit und viel Kommunikation. »Man muss sich ständig selbst verändern«, sagt Jadu. »Mit jeder neuen Person müssen sich alle neu öffnen.«

Als Mann verlangt er den Frauen eine Menge ab, sich

selbst auch. Eine Grenze scheint er dennoch nicht ziehen zu wollen. Wenn sie mehr Platz hätten hier oben am Weinberg, wären sie wohl schon 20 Leute. »Gerne auch mehr Männer«, wirft Imogen ein und lacht. Jadu sagt, er hätte nichts dagegen. Aber derzeit hätten sie einfach nicht genug Platz.

Clara geht jetzt mit den Kindern Eis essen, sie hat heute die Betreuung übernommen, während die anderen drei sich am Abend unten in dem Restaurant treffen, dort findet heute Nacht noch ein Konzert statt. Jadu läuft schon mal vor und steigt die verwinkelten Bergstraßen von Stuttgart hinab. Dabei erzählt er, was ihm an seinen drei Frauen gefällt. »Ich muss mich nicht zurückhalten. Und ich bin mit Menschen zusammen, die sich auch nicht zurückhalten.« Wäre es denn für ihn gar kein Problem, wenn sich jede Frau noch einen Mann anlacht oder die Frauen untereinander ihre Liebe teilen? »Das können sie gerne machen. Mir geht es um eine andere Frage: Will ich ein Leben der Kontrolle führen oder ein Leben des Vertrauens?« Und ja, das gibt er zu: Manchmal ist er schon eifersüchtig, wenn sich eine seiner Freundinnen beim Tanzen an einen anderen Mann anschmiegt – aber nur im ersten Moment. Dann, so sagt er, möchte er die neuen Leute kennenlernen.

Eine offene Liebe besteht aus vielen Teilen. Was aber wäre, wenn eines plötzlich herausfällt, jemand von ihnen einfach geht? Jadu überlegt: »Es wäre schon krass, wenn jemand die Freiheit bei uns genießen würde und dann aufsteht, sein Kind mitnimmt und verschwindet.« Hier verbirgt sich ein Problem, das auch ihr Vertrauen zueinander nicht lösen kann: Rechtlich lässt sich ihre Beziehung nicht regeln.

Kurz vor der Ankunft im Restaurant kommt Jadu eine Frau entgegengelaufen, sie umarmt ihn lange zur Begrüßung. »Hey, bist du wieder in Stuttgart?«, fragt er. »Nur zu Besuch«, antwortet sie. »Komm doch heute Abend vorbei, es gibt ein Konzert.« Sie weiß es noch nicht. Sie war einmal zur Probe in der Community dabei, »aber es hat nicht ganz mit allen gepasst«, erzählt Jadu im Weitergehen.

Ein lauer Abend beginnt im Tal der Stadt. Vor dem »Forró Haus« sitzen schon die ersten Gäste und bestellen brasilianische vegane Speisen, drinnen schenkt Imogen Drinks aus. Ein alter Freund von ihr kommt vorbei, er hat geholfen, den Laden neu zu gestalten und aus gebrauchten Holzlatten bunte Sitzbänke zu bauen. Imogen klappt ihren Laptop auf und zeigt Bilder vom Umbau, bei dem alle mit anpacken. Zu sehen ist auch ihr kleines Baby, das über die Baustelle krabbelt. »Ich mag komplexe Situationen«, sagt Imogen und klingt dabei stolz. Als Unternehmensberaterin hätte sie noch gut Karriere machen können. »Aber am Ende macht es einen Unterschied, ob ich bei irgendeinem Maschinenbauer die Prozesse optimiere oder wir uns hier einen gemeinsamen Ort aufbauen.« Also engagiert sie sich lieber für ihre Familie und die Freunde, von denen im Laufe des Abends immer mehr vorbeikommen. »Es gibt nichts Sinnvolleres im Leben, als Menschen glücklich zu machen«, findet Imogen und klappt den Laptop zu. Gleich dämmert es.

Drinnen probt die Band, nebenbei findet noch ein Schnuppertanzkurs statt, da kommt Tinatin vorbei. Sie war mit ihrem anderen Freund etwas essen und hat danach Gemüse für die Küche eingekauft. Tinatin und Imogen umarmen sich, Jadu gibt beiden zur Begrüßung einen Kuss. Tinatin setzt sich auf eine der bunten Bänke vorm Restaurant und erzählt von dem, was ihr anfangs am meisten zu schaffen gemacht hat: die Eifersucht, was denn sonst.

Als Jadu, in den sie schnell verliebt war, genauso vertraut mit anderen Frauen umging wie mit ihr, fing sie an, sich zu vergleichen. Was ist besonders schön an den anderen? Wie viel Zeit verbringt er mit denen? »Gleichzeitig wollte ich nicht eifersüchtig sein und habe das Gefühl weggedrückt. Ich habe nicht gesagt, wie es mir geht, bin aber wegen Kleinigkeiten explodiert.« Hinzu kam ihre erste Schwangerschaft: Sie brauchte Erholung, Jadu kümmerte sich um sie, verabredete sich aber noch mit anderen. Na toll, dachte Tinatin, und was wird aus mir? »Aber dann habe ich gemerkt, dass ich nur Angst habe, ihn zu verlieren, weil jemand vielleicht besser ist als ich.« Wohl auch, weil sie sich selbst nicht als gut genug ansah. Tinatin erzählt, dass sie mehrere Jahre lang mit ihrer Angst gekämpft hat. »Heute weiß ich, wie toll ich bin, und vergleiche mich nicht mehr. Das gibt mir das Gefühl, frei zu sein.« So frei, dass Tinatin nun noch einen weiteren Mann liebt.

Wäre sie als Frau auch so frei, etwas mit anderen Frauen anzufangen? »Ich liebe Frauen, sie sind tolle Wesen und starke Menschen«, antwortet Tinatin. Aber in Clara und Imogen sieht sie eher Schwestern und Lebensbegleiterinnen. Weitere Kinder wollen sie alle nicht mehr bekommen, nur Imogen sagt dazu: eher nicht. Und was wäre, wenn Jadu die Familie hinter sich lassen und einfach verschwinden würde? »Dann würde ich bei Clara und Imogen bleiben«, antwortet Tinatin und steht lachend auf. Sie will sich jetzt umziehen zum Tanzen.

Die Nacht bricht an. Die Band spielt auf, der Laden ist voll. Dutzende Leute im Forró Haus bewegen sich eng aneinander geschmiegt zu brasilianischen Klängen. Forró ist ein traditioneller Tanz für Paare, bei dem beide Partner die gleichen Tanzschritte haben, man sich also beim Führen abwechselt, wobei sich beide Körper fast vollständig berühren. Imogen und Tinatin tragen hautenge Kleider, beim Tanzen wirken sie ein wenig wie in Trance, mitgetragen von der Musik und ihren wechselnden Partnern. Die Menschen an der Bar unterhalten sich über Beziehungen, bewundern die Offenheit der Gastgeber. Manch einer spottet über die »zu vielen schönen Frauen für einen Mann«, andere fragen sich, ob sie selbst nicht auch viel offener leben sollten, »aber am Ende ist es sicher nichts für mich«. Wie frei eine Liebe ist, zeigt sich vielleicht daran: wie frei sie einen über das Leben nachdenken lässt.

Der Tag endet heute etwas später. Oben am Berg schlafen die Kinder bei Clara, unten tanzen Imogen und Tinatin eng miteinander, während Jadu sich an die neue junge Bedienung des Restaurants schmiegt, Sasha heißt sie und hat funkelnde Augen. So drehen sich alle lange umeinander und dabei frei herum. Für eine kurze endlose Zeit, die sich Leben nennt.

WENN ABHÄNGIGKEIT ZUR LIEBE GEHÖRT

Stephanie

Das Komische an ihrem Leben in dem Haus, irgendwo in der niederländischen Provinz, ist, dass Stephanie sich gar nicht fragt, wie sie da gelandet ist. Wie das passieren konnte. Dass sie, die Frau, die mal jung und wild und frei war, die allein nach Paris zog, um zu modeln, in einem Restaurant zu arbeiten, neue Menschen und eine fremde Sprache kennenzulernen, ein paar Jahre später mit zwei kleinen Kindern in diesem Haus hockt. Abgeschottet von allen und abhängig von einem Mann.

Vielleicht gehört ein bisschen Abhängigkeit zu jeder Beziehung. Allein schon emotional: weil man, sobald man jemanden mag, unweigerlich von dessen Resonanz abhängig ist. Aber Stephanies Geschichte ist eine über extreme Abhängigkeit. Erst von ihrem Ehemann Matteo, mit dem sie in dem Haus in den Niederlanden wohnt. Und später von zwei anderen Männern, die ihr dabei helfen, die Scherben der verkorksten Ehe zusammenzufegen. Der eine ist ihr Coach, der andere ein BKA-Beamter.

Stephanie, die in Wirklichkeit anders heißt, so wie alle anderen in dieser Geschichte auch, wächst in einem Ort in der Nähe von Hamburg auf. Als sie Matteo dort bei einem Tennisspiel kennenlernt, ist Stephanie 19 und optimistisch. Mit der Schule ist sie fertig, und vor ihr liegt mehr Leben als hinter ihr. Alles kommt ihr aufregend und trubelig vor, und die Menschen um sie herum sind vor allem Statisten in ihrer eigenen Geschichte. Bis auf Matteo. Der hat seine eigene Agenda.

Als Stephanie ein paar Monate später nach Paris zieht, kommt er sie spontan besuchen. Zwar hatte sie ihn nicht darum gebeten und war bis zu dem Zeitpunkt mit ihrem neuen Leben auch ziemlich zufrieden, aber irgendwie imponierte es ihr schon, wie Matteo, dieser wortgewandte, gut aussehende Typ, der zwar ein Aufschwätzer ist, allerdings einer von der Sorte, von der alle aufgeschwatzt werden wollen, plötzlich vor ihrer Tür steht.

Als Stephanie sich kurz verknallt und wenig später schwanger ist, geht alles sehr schnell: Ihre eigene Geschichte endet, und Matteo übernimmt mit seiner. Denn obwohl ihr ziemlich zeitgleich eine Stelle in einer Werbeagentur in Hamburg angeboten wird – als Keyaccount-Managerin, eigentlich ein Traumjob für sie –, lehnt sie ab, zieht, nachdem Matteo ein bisschen gedrängelt hat, mit ihm aufs Land und heiratet ihn.

Während er dauernd unterwegs ist, kümmert sie sich um Haus, Verpflegung und ihre Tochter, auf die nach wenigen Monaten eine zweite folgt. Weil Matteos Familie wohlhabend ist und er in deren Unternehmen viel Geld verdient, fehlt es ihnen an nichts. Jedenfalls an nichts Materiellem. Nur manchmal vermisst Stephanie ein bisschen die Freiheit, die sie kurz in Paris spürte.

Als sie eines Abends ausnahmsweise mit einer Freundin ausgeht, es ist das erste Mal, seit die Kinder auf der Welt sind, und es spät wird, weil sie das Unterwegssein sehr genießt, lässt Matteo sie nicht ins Haus. Während sie gegen die Tür hämmert, steht er mit der Tochter auf dem Arm im Flur.

Stephanie spürt, dass etwas an der Beziehung mit Matteo nicht gesund ist. Aber eine Trennung kommt ihr absurd vor. Alleinerziehend mit zwei Kindern zu sein, kann sie sich nicht vorstellen.

Abhängigkeit wird meistens dann zum Problem, wenn das, wovon man abhängig ist, einem nicht guttut. Meistens merkt man das. Oft kommt man trotzdem nicht aus dem Strudel heraus. Stattdessen wird man immer besser darin, sich einzureden, dass alles nicht so schlimm ist. Dass die Beziehung, so, wie sie ist, schon ihre Richtigkeit hat.

Stephanie vermeidet, darüber nachzudenken, was ihren Zustand ändern könnte. Stattdessen entwickelt sie eine Methode, um sich abzulenken: Sie beamt sich gedanklich in ein anderes Leben, zu einem anderen Mann. Zu einem, den sie noch aus der Schule kennt, immer nett fand, mit dem sie aber nie viel zu tun hatte. In ihrer Traumwelt ist er der Vater ihrer Kinder und dazu noch ihr bester Freund, Liebhaber und Leidensgenosse.

Dieser Mann hilft Stephanie, die echte Welt zu ertragen. Er hilft ihr morgens beim Frühstückzubereiten, beim

Kinderanziehen und In-den-Kindergarten-Bringen. Er sitzt abends mit ihr am Abendbrottisch und fragt, wie ihr Tag lief, und nachts, wenn sie gemeinsam im Bett liegen, hat er schönen und respektvollen Sex mit ihr. Sex, bei dem sie sich tief in die Augen schauen und behutsam berühren. Ganz anders also, als in der echten Welt.

In der hat sie unangenehmen Sex mit Matteo, zu dem er sie drängt und den sie über sich ergehen lässt. Außerdem versinkt ihr Alltag im Chaos: Das Unternehmen von Matteos Familie ist plötzlich insolvent und ihr Vermögen weg.

Matteo verstrickt sich in Geschäfte, die so krumm sind, dass er von anderen Kriminellen verfolgt wird und dauernd, gemeinsam mit Stephanie und den Kindern, umziehen muss. Eines Nachts fängt das an, da raunt er ihr zu, sie solle ihre Sachen packen. Kurz darauf verlassen sie mit ein paar Reisetaschen das Haus.

Stephanie macht alles mit, ohne besonders viele Fragen zu stellen. In ihrer Kindheit hatte sie gelernt, still zu sein. Auch dann, wenn sie sich ungerecht behandelt fühlte oder ihr etwas wehtat. Ihre Eltern waren gerade mal Anfang 20, als sie sie bekamen. Die Mutter tickte oft aus, der Vater war meistens nicht greifbar. *Emotionally unavailable.* Genau wie Matteo.

Als die Töchter schulpflichtig werden, ziehen sie nach mehreren Ortswechseln gemeinsam dahin, wo Stephanie aufgewachsen ist, in die Nähe von Hamburg. Sie mieten ein hübsches Haus mit großem Garten. Kurz scheint alles friedlich.

Bis Stephanie sich verliebt. Es passiert an einem Abend,

an dem sie mit alten Freundinnen ausgeht. Der Mann, in den sie sich verliebt, ist Manager bei einem großen Konzern. Stephanie will auf einmal all das tun, was sie sich davor nicht traute: Matteo verlassen, eine eigene Wohnung mieten, sich einen Job suchen.

Doch nachdem der Manager und sie sich einige Male getroffen haben, verkündet er ihr, dass er da nicht mitmachen wird. Dass er nicht das Licht am Ende ihres Tunnels sein will. Stephanie ist verzweifelt. Wieder bleibt alles, wie es ist.

Dann kommt der Tag, an dem sie mit ihren beiden Töchtern in die Straße zu ihrem Haus einbiegt und überall Autos mit Blaulicht stehen. Als Stephanie das Haus betritt, ist Matteo bereits abgeführt worden. An die folgenden Stunden kann sie sich nur noch bruchstückhaft erinnern: Wie sie auf die Couch sinkt, wie sie ihre Periode und Durchfall gleichzeitig bekommt, wie verschiedene BKA-Beamte auf sie einreden und einer von ihnen ihr dabei nicht von der Seite weicht.

Und obwohl Stephanie sich in Gedanken so oft von Matteo entfernt hat, fühlt sie sich, als er nicht mehr da ist, als würde sie in einer Zwangsjacke stecken. Ein Erwachsenenleben mit Kindern, ohne Partner, kennt sie nicht. Die Angst vor dem, was kommt, lähmt sie. Als sie tagelang nur noch aufsteht, um ihren Töchtern Schulbrote zu schmieren, sich dann aber, sobald sie aus dem Haus sind, wieder ins Bett legt, ist klar, dass es so nicht weitergehen kann.

Stephanie bekommt von ihren Eltern einen Coach

empfohlen: Bjarne. Ein bisschen kommt es ihr im Nachhinein vor, als sei Bjarne wieder genauso ein Heiland für sie wie einst der Manager – oder irgendwann vor langer Zeit mal Matteo. Wieder ein Mann, von dem Stephanie sich erhofft, dass er sie bedingungslos liebt, dass er Dinge für sie nicht aus Eigennutz tut, sondern weil er nett zu ihr sein will.

Am Anfang macht Bjarne genau das. Er behandelt Stephanie so, wie sie es sich vorstellt und von Matteo nicht kennt. Nachdem die beiden angefangen haben, sich auch außerhalb der festgelegten Sitzungstermine zu treffen und Bjarne manchmal bei Stephanie übernachtet, das Haus aber frühmorgens verlässt, damit die Kinder nichts davon mitbekommen, deckt er, bevor er geht, für alle den Frühstückstisch. Weil er weiß, dass Stephanie Marzipan gerne mag, legt er allen dreien ein kleines Marzipanherz auf den Teller. Stephanie entzückt das. So was hatte sie sich ausgemalt, als sie damals dauernd den Mann aus ihrer Schulzeit im Kopf hatte.

Dann, völlig ungeplant, ist Stephanie schwanger. Und obwohl vieles dagegenspricht, etwa dass Bjarne sich das mit dem Vatersein nicht zutraut, will Stephanie das Kind unbedingt.

Die beiden ziehen zusammen. Als Stephanie Matteo im Gefängnis besucht und mit ihren Klamotten nicht mehr kaschieren kann, dass sie bald ein weiteres Kind kriegen wird, hört sie auf dem Weg dahin ihr eigenes Herz pumpen, so nervös ist sie. Aber irgendwie ist es dann doch erträglicher als erwartet. Matteo kann schließlich auch nichts tun: Wenn er mit ihr spricht, wird er bewacht, und darüber hinaus haben sie wenig Kontakt. Mit dem BKA-Beamten, der bei Matteos Verhaftung nicht von ihrer Seite wich, ist das anders. Mit dem tauscht Stephanie immer mal wieder SMS aus.

Stephanie bekommt einen Sohn und findet einen Job in einem Unternehmen, in dem sie schnell aufsteigt. Aber dann fängt es an, mit Bjarne zu kriseln. Er ist eifersüchtig, kann es nicht ab, dass sie bei der Arbeit immer erfolgreicher wird und andere Männer sie attraktiv finden. Stephanie trennt sich von Bjarne. Dieses Mal fällt es ihr leichter, weil sie mit dem Kopf sowieso dauernd bei dem BKA-Beamten ist, der Philipp heißt.

Nach der Trennung wird ihr Austausch intensiver. Es geht damit los, dass sie und Philipp, der am anderen Ende von Deutschland lebt, stundenlang telefonieren. Als sie sich dann das erste Mal treffen, machen sie einen Wandertrip in die Berge. In Philipps Gegenwart fühlt sich Stephanie so wohl, wie sie es davor mit Männern nicht kannte. Die ersten Monate mit ihm kommen ihr vor wie ein Rausch: Sie fahren quer durch die Republik, um sich so oft es geht zu sehen. Wenn sie dann beieinander sind, blödeln sie herum, fallen übereinander her und verreisen häufig.

Ihre Kurztrips laufen oft gleich ab: Philipp hat alles organisiert. Er hat die Routen geplant, eine Unterkunft gebucht und Picknick besorgt. Stephanie muss nur in den Zug steigen und sich am Ende der Fahrt in sein Auto fallen lassen. Um den Rest kümmert er sich. Stephanie liebt das. Schließlich ist sie sonst immer die mit der Verantwortung.

Allerdings sehen sich die beiden aufgrund der Entfernung fast ausschließlich außerhalb ihres Alltags. Ohne Verpflichtungen und Stress ist es leichter, eine entspannte Zeit zu haben. Die Themen, über die man sich streiten könnte, sind beschränkt. Stephanie weiß das, Philipp ahnt es vermutlich.

Denn als Stephanie Philipp mehr in ihr Leben integrieren will, merkt sie, dass er das gar nicht richtig will. Sie spürt, dass er keine Lust hat, mit ihr die Gleichförmigkeit des Alltags, der ja nun mal auch zum Leben gehört, zu verbringen. Manchmal meldet er sich tagelang nicht, und Stephanie hat immer häufiger das Gefühl, dass sie nicht die Einzige ist, mit der er die Trips in die Berge unternimmt.

Sie lebt trotzdem damit. Freut sich über die Wochenenden, an denen Philipp ihr zur Verfügung steht, und wartet an denen, an denen er es nicht tut, auf Lebenszeichen von ihm. Bis Matteo sich einschaltet.

Als der nämlich aus dem Gefängnis freikommt und von Stephanies Verhältnis mit dem BKA-Beamten erfährt, informiert er Philipps Kollegen über die Beziehung der beiden. Außerdem hetzt er seine Kinder gegen Philipp auf. Philipp ist das zu viel. Er bricht den Kontakt zu Stephanie ab.

Stephanie ist allein. Das erste Mal seit Beginn ihres Erwachsenenlebens hat sie keinen Partner oder jemanden in Aussicht. Zigmal hatte sie sich schon vorgestellt, wie das sein müsste. Immer dachte sie, dass es furchtbar sei, kein Back-up zu haben, niemanden, an den man sich im Falle des Falls wenden, der helfen könnte. Aber Stephanie stellt überrascht fest, dass das Gefühl weniger ungewohnt ist, als sie vermutet hatte.

Und irgendwie, das fällt ihr dann auf, ist es fast schöner, wirklich allein zu sein als nur halb. Denn so kann man immerhin die schönen Seiten des Alleinseins genießen – nämlich einfach zu machen, was man will. Es dauert ein bisschen, aber irgendwann fängt Stephanie genau damit an: Sie tut, was sie will. Nach 15 Jahren ist sie plötzlich wieder da, wo sie in Paris war. Kein Mann, keine Schwiegermutter, Freundin oder Tante bestimmt über ihre Geschichte, sondern nur noch sie – na ja, und manchmal die Kinder.

EINSAMKEIT

Michael

Nachts, wenn Michael im Bett liegt und nicht schlafen kann, schleichen sie sich an. Umzingelt von den eigenen Gedanken liegt er da, auf der Leinwand vor seinem geistigen Auge spielt die Hitparade der verpassten Gelegenheiten. Wieder einmal.

Da sieht er sich selbst als jungen Mann in Ost-Berlin, wie er lieber allein im Gästezimmer schläft, als nebenan die Nacht mit der Frau zu verbringen, die ihm gerade noch gesagt hat, dass sie beim Sex gerne den Ton angibt. Den ganzen Abend haben sie sich unterhalten, gut verstanden, schließlich hat er sie bis zur Haustür gebracht und sie ihn in die Wohnung gebeten. Ihre unverblümte Art überfordert ihn, daran erinnert er sich noch gut. Andererseits: »Warum hast du dich nicht einfach darauf eingelassen?«, fragt er sein jüngeres Ich. »Du hattest doch nichts zu verlieren.«

Oder er steht in Gedanken wieder vor dieser schönen jungen Frau aus dem Kuschelkreis in Berlin-Pankow und bringt kein Wort heraus. Auch das ist Jahre her. Drinnen beim vorsätzlichen Gruppenkuscheln waren sie sich so nah gekommen. Die Berührungen, die Blicke, die ganze Körpersprache, das war eine andere Anziehung als mit den übrigen Teilnehmern, das spürte Michael genau.

Jetzt, nach dem Treffen, steht sie vor ihm und verabschiedet sich etwas zu lange. »Das war schön gerade. Hast du das auch gespürt?«, würde er sie gerne fragen. Stattdessen sieht er sich dastehen und nichts sagen. Sieht, wie sie auf ihr Fahrrad steigt und in die Nacht fährt. »Warte doch mal!«, möchte er hinterherrufen und bleibt stumm.

Am meisten ärgert ihn die Begegnung mit dieser Frau aus der Kirchengemeinde. Ein Evergreen seines nächtlichen Gedankenkarussells. Als sie ihm nach einem Gottesdienst entgegenläuft, durchzuckt ihn ein Gedanke: Das ist sie, die Eine. Sie traut er sich später sogar anzusprechen, ganz locker, erinnert er sich. Erst treffen sie sich in der Gemeinde, dann auch außerhalb, zu zweit. Einmal gehen sie sogar gemeinsam ins Kino, der Saal ist fast leer. »Ich sitze da und bin mir sicher, sie wird enttäuscht sein, wenn ich jetzt nichts mache. Wenn ich nicht wenigstens mal ihre Hand nehme«, erinnert sich Michael und weiß, dass er nichts dergleichen getan hat.

Doch damit soll jetzt Schluss sein.

Michael ist 60 Jahre alt und Frührentner. Graue kurze Haare, hinter den Brillengläsern wache Augen. Wenn er in Gedanken die vielen verpassten Momente Revue passieren lässt, muss er unweigerlich den Kopf schütteln oder lachen. Geschichten wie diese hat er viele parat. Geschichten, bei denen er heute gerne in der Zeit zurückreisen würde, um der jüngeren Version seiner selbst einen Schubser zu geben. Um diesem Mann gut zuzureden, Mut zu machen. Was soll schon schiefgehen? Probier's doch einfach mal. Trau dich! Aber irgendwie ist es nie passiert. Dass seine Verliebtheit auf Gegenliebe stößt, hat er noch nie erlebt.

»Ich hatte nie eine echte Partnerschaft«, sagt Michael. »Sex hier und da, Affären, kürzere Geschichten. Aber so richtig, mit Zusammensein, Zärtlichkeit, vielleicht sogar irgendwann einmal gemeinsam leben? Nein. Das nicht. Und das ist das, wo ich mich frage: Warum?«

Ja, warum? Michael ist gebildet, vielseitig interessiert, aufgeschlossen. Er hat Freude daran, Texte zu schreiben, und ein Auge für die feinen Dinge des Lebens. Ehrenamtlich hilft er Kindern als Lesepate und engagiert sich in der Kirchengemeinde. Und es ist ja nicht so, dass er einfach nie jemanden kennenlernt – die ganzen verpassten Gelegenheiten, die gibt es ja. »Der Unterschied zwischen dem, was ich eigentlich an Möglichkeiten hatte, und dem, was dann wirklich passiert ist, ist unglaublich groß. Da waren richtig tolle Frauen dabei.« Also?

Michael fängt im Großen an: »Sich selbst verkaufen, an die eigenen Stärken glauben, das haben wir in der DDR nie so richtig vermittelt bekommen.« Nach der Wende arbeitet Michael 25 Jahre lang bei einer großen deutschen Behörde. Freude hat ihm das nie gemacht. Die Aufgaben, die er bekommt, will er perfekt erledigen, beinahe pedantisch. Genau so, wie er denkt, dass es von ihm erwartet wird. Dabei hat er nie negatives Feedback bekommen. Über die Jahre, sagt er, gab es vier, vielleicht fünf Tage, an denen er nach Feierabend nach Hause fuhr und dachte: Heute war es mal richtig gut.

Zum anderen ist da diese lähmende Schüchternheit. Von sich aus eine Frau ansprechen, die ihm gefällt?

Schwierig. Seine Gefühle mitteilen? Fast unmöglich. Verliebt war er oft, nur haben das die Frauen eigentlich nie mitbekommen. Das war schon als Kind so, warum, weiß er nicht.

Das letzte Mal, als es ihn richtig erwischt hat, ist zwölf Jahre her. Er konnte kaum an etwas anderes als an sie denken. Aus der Verliebtheit wurden tiefe und komplexe Gefühle. Nur bleiben die allein in seinem Kopf. Bei ihr denkt Michael auch kurz: Wäre es nicht schön, eine Familie zu gründen, Kinder zu haben? Doch selbst im Sinnieren über eine Beziehung, die es gar nicht gibt, und Kinder, die nie gezeugt wurden, löst ein Gedanke bei ihm Stress aus: Was mache ich nur, wenn es ein Sohn wird? Muss ein Sohn nicht einen Vater zum Vorbild haben, der männlicher ist als er? Ja, er interessiert sich für Fußball, aber sportlich ist er nicht. Er kann keinen Nagel in die Wand schlagen, und wird von einem Vater nicht erwartet, zu Hause den Ton anzugeben? Lieber eine Tochter, denkt Michael dann, das feinfühlige liegt ihm eher.

Und dann ist da dieser immense Druck. Die Unsicherheit beim Dating, die für viele gerade erst den Reiz ausmacht, ist für Michael purer Stress. Stunden und Tage bevor ein Treffen überhaupt stattfindet, macht er sich schon Gedanken, was seine Verabredung wohl von ihm erwartet. Einfach im Moment sein, unbeschwert und zwanglos, kann er nicht. »Schon beim zweiten Treffen denke ich: Ich muss mit der Frau jetzt irgendetwas initiieren, damit ich sie nicht verliere. Wenn ich jetzt nichts mache, ist sie weg.«

Dabei würde es Michael viel lieber langsam angehen lassen. Vielleicht eine Frau auch zehnmal treffen, bevor überhaupt etwas passiert. Den Dingen Raum geben zu wachsen, nach und nach erst zu spüren, wohin das führt und ob er das überhaupt möchte. Ist er denn damit ganz allein?

»Die Abwesenheit von Liebe ist etwas, dass ich für mich ein Stück weit akzeptiert habe. Wobei, hundert Prozent akzeptieren tue ich's nicht. Da ist eine Wunde in mir, die auch immer noch nicht verheilt ist.« Vor ein paar Jahren wird Michael depressiv, bis heute ist er in Therapie. Alleinstehend zu sein, ein Leben lang, ist mehr, als sich morgens das Frühstück allein zu machen oder abends ohne jemanden neben sich auf der Couch zu sitzen. Es betrifft alle Aspekte des Lebens. Da ist niemand, der ihn mal in den Arm nimmt oder pflegt, wenn er krank ist.. Ganz zu schweigen von echter Intimität, ein urmenschliches Bedürfnis.

Mit 20 lernt er eine Frau über eine Annonce in der DDR-Zeitschrift »Das Magazin« kennen. Die körperliche Nähe mit ihr erreichte »immerhin Pettingniveau«, wie Michael sagt. Manchmal bezahlt er für Zärtlichkeit, bei einer Tantra-Massage oder Sexarbeiterinnen. Aber das ist nichts, was bleibt. Eher ein kurzer Moment von Innigkeit, in dem es endlich einmal keinen Leistungsdruck gibt. In dem ganz genau geklärt ist, was von ihm erwartet wird und was nicht.

»Da ist schon auch viel Traurigkeit«, sagt Michael. Die Therapie hilft ihm zu akzeptieren, was ist, und dem, was nicht war, nicht mehr nachzutrauern. Er lernt, sich in

Dankbarkeit zu üben. Vor allem für das, was gut ist. Was sein Leben reicher macht. Auch ohne Partnerin. Aber ihn begleitet auch die Angst vor der Einsamkeit. Gerade jetzt, da er älter wird.

Deshalb hat Michael beschlossen, dass es Zeit für eine Veränderung ist. Jetzt wird er aktiv. »Ich kann die Zeit nicht zurückdrehen, nicht zu den verpassten Chancen, den Momenten reisen, in denen ich gerne mutiger gewesen wäre«, sagt er. »Ich muss sehen, was ich jetzt tun kann, um etwas an meiner Situation zu ändern. Und das ist zum Beispiel, so eine Anzeige hier zu schalten«, sagt Michael und tippt mit dem Finger auf das Blatt Papier, das vor ihm auf dem Tisch liegt. Darauf ausgedruckt die Anzeige, die er vor ein paar Wochen in einem Newsletter unter der Rubrik »Bekanntschaften« aufgegeben hat.

»Langsamkeit üben« steht als Überschrift darüber, dann folgt eine Aufzählung entschleunigender Aktivitäten. Auf einer Parkbank sitzen, einer alten Schallplatte lauschen, in tiefer Meditation versinken. Und weiter: »Lass uns gemeinsam Zeit teilen. In Langsamkeit und Genuss uns üben und reifen. Hast du Lust?« Michael schreibt auch, dass er Single ist, aber nur ganz knapp, am Ende. Zum Schluss ein kurzes »Freue mich auf Dich! Michael«.

Diktieren, welche Absichten er hat, will er nicht. Klar, eine Beziehung wäre schön, aber vornehmlich will er einfach weniger Zeit allein verbringen. Weniger als jetzt jedenfalls. Freundschaften hatte er immer wieder, doch die haben sich alle aus unterschiedlichen Gründen irgendwann verlaufen. »Wenn ich ehrlich bin, ist meine Schwester momentan der einzige richtige Kontakt.« Sie lebt wie Michael auch allein, mit ihr zusammenziehen will er aber nicht. Er findet sie etwas anstrengend, irgendwie auch eigen – und weiß, dass er selbst genauso ist.

Aber Michael hat einen Plan. Die Anzeige ist dabei nur der Anfang. Er hat sein Sky-Abo gekündigt und schaut Fußball jetzt in der Kneipe, anstatt allein auf dem Sofa. Er trifft sich regelmäßig mit anderen zum Scrabblespielen. Und in der Kirchengemeinde in seinem neuen Kiez will er sich jetzt auch engagieren. Dort hat er sich für den Geburtstagsbesuchsdienst eingetragen, drei ältere Damen besucht er allein im nächsten Monat, um ihnen zum Geburtstag zu gratulieren.

Im letzten Frühling, erzählt er, war er einmal mutig. Da ist er ein ganzes Wochenende zur Ausfahrt der Gemeinde mitgefahren, obwohl er dort gar niemanden kannte. Das hilft. Letztens war er sogar einmal allein im Harz und für ein paar Tage an der Ostsee.

Egal, ob es der Glaube oder die Gesellschaft ist, seit einigen Monaten fühlt sich Michael wieder mit mehr Lebendigkeit erfüllt. Fühlt sich allgemein gelassener und nicht mehr so verkrampft. Ist das nicht eigentlich eine geeignete Grundlage, auch mal wieder zu zweit zu sein? Ganz zart schwingt sie mit, Michaels Hoffnung, dass die richtige Frau vielleicht unter den Leserinnen hier ist.

EINE LIEBE ÜBER DIE GRENZE HINWEG

Gitte und Gerd

Wie sie so lacht, so laut und hell und klar, da ist er schockverliebt. Gitte ist 18, mit ihrer Familie hergejuckelt im knatternden Wartburg, hinten das Klappfix-Zelt als Anhänger dran. Gerd ist 20, mit seinen Kumpels kurvt er im schicken VW Käfer durch Osteuropa. Ein Sommertag am Strand in Bulgarien – für sie besonderer Zipfel einer eingegrenzten Welt, für ihn bloß ein Ort der Durchreise, ein Zwischenstopp auf dem Weg nach Griechenland. Da aber bricht die Zypernkrise los, in der Türkei machen Panzer die Grenze dicht. Also käfert er, auf seiner Weiterfahrt aufgehalten, zurück nach Bulgarien; im Ostblock ist es billig und das Schwarze Meer ungeteilt. Auf dem Campingplatz ist der Platz neben ihrem noch frei.

Es ist der letzte Sommer der Leichtigkeit, bevor Gitte und Gerd ihr Studium aufnehmen: sie als Bauingenieurin in Deutschlands Osten, er als Jurist in Deutschlands Westen. Er lädt sie in die Strandbar ein, ein Wodka-Drink kostet sie unbezahlbare 40 Mark ihrer Währung, er kriegt ihn für 2 Mark seiner Währung. »Gut, ich trink mit«, sagt Gitte zu Gerd. »Aber bring mich danach bitte sicher zu meinem Zelt. Meine Eltern sind da, mit uns läuft nix.« Nach vier Gläsern schlingern sie zurück, er hält sie fest und dabei sein Wort, galant kommt er ihr nicht zu nahe, unternimmt nicht mal einen Versuch. Da ist es auch um sie geschehen.

Zwei Wochen wie ein flimmernder Traum. Die Tage am Strand, sie reden über ihre Leben - dass sie Russisch spricht, dass er fahren kann, wohin er will. Abende in der Bar, erste Berührungen und ihr Lachen, hell und klar. Nächte am Strand, küssend sich umeinander drehend im Sand. Die zweigeteilte Welt zerfließt zu einer im Sommer 1974 am Strand der Freundschaft: Einer aus dem Osten knutscht mit einer Französin, einer aus dem Westen mit einer Bulgarin. Manchen Vätern wird es zu viel, im Nachthemd holen sie ihre Töchter aus fremden Zelten. Gittes Mutter dagegen findet, dass man gegen die Liebe sowieso nichts machen kann. Erst recht nicht bei Gitte und Gerd, die Händchen haltend träumen, dass dieser Sommer nie zu Ende geht. Zum Abschied fließen Tränen. Sie wissen: Ihre Liebe ist eigentlich unmöglich.

Eine Sehnsucht zwischen Ost und West. Gedanken aneinander und Gefühle füreinander, die auch die Mauer nicht trennen kann. Für die Staatssicherheit, Abteilung XX/3, beginnt der sogenannte »Operative Vorgang« zur Person Brigitte Z. Die Geheimpolizei der DDR notiert über Gitte: »Das Ziel der Operativen Bearbeitung besteht darin, das illegale Verlassen der DDR durch die Z. zu verhindern und Beweise zu erarbeiten, die die Einleitung eines Ermittlungsverfahrens mit Haft rechtfertigen.« Wie soll eine Liebe unter diesen Umständen bestehen?

Sie versuchen es mit Telefonaten. Gittes Eltern haben in der DDR einen Netzanschluss, weil der Vater im Kombinat an wichtigen Energieanlagen baut. Gerd muss zur Hauptpost in Osnabrück gehen, um sich in den Osten verbinden zu lassen. »Er war so verlässlich: Samstags um vier klingelte es«, erinnert sich Gitte und lächelt Gerd an. »Meine Eltern haben auch gestaunt.« Er lächelt zurück: »Na ja, manchmal waren die Leitungen überlastet, da war ich eine Viertelstunde zu spät.«

Bei den Telefonaten sind sie nicht allein, wie die Akten heute verraten. »Aus der Unterhaltung geht hervor, daß zwischen beiden Teilnehmern ein intimes bzw. freundschaftliches Verhältnis besteht«, notiert ein Oberfeldwebel. »Beide sind aufeinander sehr eifersüchtig«, behauptet ein Unterleutnant.

Sie versuchen es mit einem Treffen. Sie erwartet ihn Unter den Linden in der halbierten Hauptstadt der DDR. Er kommt aus West-Berlin herüber, wo er bei alten Schulkumpels übernachten kann, die hier dem Wehrdienst aus dem Weg gehen. »Viele fanden es irre, dass ich eine Freundin im Osten habe«, erinnert sich Gerd. Beim nächsten Mal nimmt er einen Freund mit rüber, sie treffen auch noch eine Freundin von Gitte. Gemeinsam gehen sie tanzen im »Haus der Jungen Talente«. Die Schlangen sind lang, mit fünf Westmark für den Türsteher im Blauhemd geht's schneller, drinnen läuft Ost-Kuschelrock. Sie haben Zeit bis Mitternacht, dann müssen Gerd und sein Kumpel laut den Reiseregelungen zurück nach West-Berlin – »zur Übernachtung«, wie die Stasi vermerkt. Am nächsten Tag kommen sie wieder.

Sie versuchen es mit Briefen. Trotz der Mauer wird der Kontakt immer enger, sie tragen Bilder voneinander bei sich. Gitte wird zu Verhören ins ihr bis dahin verborgene Stasi-Büro ihrer Universität in Cottbus gerufen. Freunden sagt sie offenherzig: »Leute, ich muss heute zur Staatssicherheit. Wenn ich nicht zurückkomme, ruft meine Eltern an!« Später stellt sich heraus: Fünf Studierende sind auf sie angesetzt, von der Stasi geführt als »Gesellschaftliche Mitarbeiter Sicherheit« (GMS). Das liest sich dann so: »Der GMS Mathes studiert mit der Z. in einer Seminargruppe, er unterhält freundschaftlichen Kontakt zu der Z. und lieferte erste Informationen. Diesen Kontakt hält er weiterhin aufrecht und verfolgt dabei die Zielstellung, durch die Z. mit dem BRD-Studenten bekannt zu werden.«

Sie versuchen ein gemeinsames Weihnachten. Gittes Eltern beantragen, dass Gerd sie in Radebeul bei Dresden besuchen darf. Im Ford Capri düst er über die ostdeutschen Schotterpisten, an Bahnschranken löst sein westdeutscher Sportwagen Aufläufe aus. Ist diese Liebe trotz aller Wagnisse und Unwägbarkeiten vielleicht doch nicht unmöglich? Gittes Eltern sagen zu ihr: Wenn du mit dem Studium fertig bist, kannst du machen, was du willst.

Sie versuchen es mit einer richtigen Beziehung. Hand in Hand spazieren sie durch Ost-Berlin, er kriegt die russischen Buchstaben vom Café »Moskwa« nicht entziffert: »Was bedeutet Mockba?« Manchmal versackt er vor ihren Tagestreffen mit West-Berliner Kumpels in Kreuzberg, lässt sie am nächsten Vormittag Unter den Linden warten. »Sie ist darüber heute noch sauer«, sagt er. »Mir tut's heute noch leid.« Galant ist Gerd geblieben, findet Gitte.

Vielleicht hält gerade das große Lieben zusammen: der Widerstand, der sich gegen sie aufbaut, den es zu überwinden gilt mit Hartnäckigkeit, mit Mut, manchmal mit Wut. »Wir haben eine große Gefahr für uns von außen gespürt«, sagt Gitte rückblickend. »Deshalb haben wir uns innerlich nicht so viele Gedanken gemacht.«

Heutzutage stößt Liebe womöglich an weniger Grenzen, scheint aber dennoch nicht leichter erreichbar. Das Leben ist flüchtiger und fluide, auf jedem Smartphone erscheint die Welt unerschöpflich an Möglichkeiten, Freiheiten, Verlockungen. Vielleicht braucht das große Gefühl in diesen Zeiten weniger Wagemut, wenn auch die Liebe am Ende das Gleiche verlangt: sich zu ihr zu bekennen. Der Zweifel an der Liebe streut sich mittlerweile eher von innen als von außen ein. Liebe endet weniger an den Begrenztheiten einer geteilten Welt, eher schon an eigener Grenzenlosigkeit.

Die Mauer, an die Gitte und Gerd permanent stießen, erschien ihnen damals unüberwindbar. Aber gerade das hat die beiden noch näher zueinander gebracht, so sehen sie es heute. In ihrem Keller haben sie die Protokolle und Maßnahmen der Staatsmacht gesammelt. Sie füllen einen ganzen Ordner. Daneben haben sie die Briefe und Postkarten abgeheftet, die sie sich in ihre beiden Welten geschickt haben. Es sind vier Ordner.

Na klar, diese besondere Liebe hat auch besonders absurde Seiten. Als Gittes Eltern ein Grundstück in Radebeul ergattern, merken sie schnell, dass sie für ein Haus kaum an Material herankommen. Der örtliche DDR-Baustoffhändler verlangt Pornohefte, die Familie hätte ja schließlich Westkontakt, habe er gehört. Also schmuggelt Gerd auf buntes Papier gedruckte nackte westdeutsche Frauen im Autositz über die Grenze. Gitte erinnert sich: »Erst verschwand mein Vater mit dem Zeitungsstapel. Dann meine Brüder. Dann kriegte der Baustoffhändler die Hefte. Das Haus wuchs sagenhaft schnell.« Gerd lacht mit: »Wenn wir heute ihren Bruder in dem Haus besuchen, denk ich immer: Hier stecken 20 Pornohefte drin.«

Sie lachen gerne. Sie fallen sich beim Reden nicht ins Wort. Sie gießen sich gegenseitig Kaffee ein beim Erzählen in ihrer Berliner Wohnung. Kann diese Liebe wirklich nur ein Zufall sein?

Nebeneinander auf dem Zeltplatz in Bulgarien – bald 50 Jahre ist das jetzt her. Und nun ziehen sie gemeinsam um in ein Haus mit Garten, ihren Altersruhesitz. Dort ist genügend Platz, dass im Zweifel später eine Pflegerin mit einziehen könnte. Bis heute denken Gerd und Gitte immer alles Mögliche mit.

Der Januar 1976 beginnt regnerisch, als die DDR plötzlich Gitte ein Ultimatum stellt: Abbruch der »unerlaubten Verbindung zu einem Westdeutschen« oder Exmatrikulation. Ihre Entscheidung fällt schnell: Sie verlobt sich. »Es ist aufgefallen, daß Z. seit dem Besuch ihres Freundes einen neuen goldenen Ring, ausländischer Produktion trägt«, heißt es im Spitzelbericht eines Studierenden. Die Stasi greift nun aktiv ein, lädt ihren Vater vor. Die Seminargruppe der staatlichen Jugendorganisation FDJ fordert Gitte auf, »darzulegen, welchen Klassenstandpunkt sie zu unserer Republik und zu Westdeutschland einnimmt«. Da sie betont, weiter mit Gerd zusammen sein zu wollen, beschließt die FDJ-Gruppe, »daß bei einer solchen Haltung sie nicht erwarten kann, daß die Arbeiterklasse ihr Studium weiter finanziert«. Gitte wird von der Uni geworfen.

Jetzt bekommt es ihre Familie mit der Angst zu tun: Verliert der Vater seine Arbeit? Dürfen die Brüder noch Abitur machen? Die Eltern haben eine Bitte an ihre Tochter: »Lass dich nie auf politische Fragen ein, sonst gehen wir in den Knast.« Gerd, der nicht mehr in die DDR einreisen darf und von dem sich zuspitzenden Drama nur telefonisch erfährt, bekommt ein schlechtes Gewissen: »Wenn jetzt etwas schiefläuft, bin ich schuld.« Gitte, die als ungelernte Schwester in eine Zahnarztpraxis versetzt wird, stellt bei den Behörden Anträge auf Heirat und Ausreise. Sie will nur noch raus und zu ihm. Aber sie darf nicht.

Der erste Antrag bei den staatlichen Stellen. Handschriftlich beschreibt Gitte ihre Gefühle für Gerd: »Für uns beide gilt ein Zusammensein nicht als etwas Selbstverständliches, denn die meiste bisherige Zeit waren wir unerreichbar füreinander getrennt. Doch auch dem hielt unsere Liebe stand; eine Entfremdung zwischen uns gab es nie.« Der Ausreiseantrag wird abgelehnt, ohne Begründung.

Der zweite Antrag, wieder mehrere Seiten lang. Abgelehnt, und zwar »letztmalig geprüft«.

Der dritte Antrag, erneut in fein geschwungener Handschrift. Gitte schreibt mit wachsender Verzweiflung: »Es ist mir gegenüber eine bewußt falsch formulierte Behauptung zu sagen, mein Problem sei in der heutigen Zeit unlösbar.« Abgelehnt.

Der vierte Antrag, auf Schreibmaschine abgetippt, mit

der flehentlichen Bitte um »größtmögliche Humanität« und unter Berufung auf internationale Verträge, die die DDR-Regierung unterzeichnet hat. Abgelehnt.

Der fünfte Antrag, voller Wut. »Die Gestaltung unserer Zukunft beeinflußten die DDR-Behörden von sich aus, indem sie mich wegen der Verbindung zu meinem Verlobten zum Verlassen der Ingenieursschule zwangen, bevor ich überhaupt einen Ausreiseantrag gestellt hatte. Mir sind die beruflichen Chancen verbaut worden, da ich, isoliert von Freunden und Bekannten, unfreiwillig seit weit über einem Jahr meinen Dienst versehe in einem Beruf, der weder meinen Fähigkeiten noch Neigungen noch meiner Ausbildung entspricht.« Es folgen Verhöre im Polizeipräsidium Dresden.

Eine Sommerliebe, knutschend am Strand von Bulgarien – drei Jahre später hat sie sich zu einem politischen Drama entwickelt. Gerd und Gitte fragen sich: Haben wir vielleicht wirklich keine Zukunft, wie alle von Anfang an gesagt haben – einfach nur, weil wir keine haben dürfen? Das verzweifelte Paar wendet sich an den berühmten Rechtsanwalt Wolfgang Vogel in Ost-Berlin. Der tauscht auch Agenten zwischen Ost und West aus, sein Auto hat zwei Nummernschilder. Gerd schreibt im Westen Politiker an, die sich bei der DDR-Regierung für sie einsetzen sollen. Da klingelt an einem Freitag im Herbst 1977 das Telefon bei Gitte. Eine fremde Stimme fordert sie auf: Packen Sie Ihre Sachen, und seien Sie am Montag in Dresden am Hauptbahnhof!

Ein tränenreiches Wochenende des Abschieds. Eine tränenreiche Ankunft in Wolfsburg, wo er sie abholt. Gerd und Gitte umarmen sich nicht nur eine Ewigkeit. Sie schläft erst mal eineinhalb Tage durch.

Im Westen heiraten sie schnell, ziehen zusammen in Münster, wo er als Fernsehredakteur arbeitet. Gittes Familie wird nicht erlaubt, zur Hochzeit zu kommen. Gitte darf fünf Jahre lang nicht in die DDR einreisen, bei der Silberhochzeit ihrer Eltern kann nur Gerd dabei sein. Später zieht das Paar nach West-Berlin, sie wird Pharmareferentin, er berichtet als Fernsehreporter live vom Mauerfall – die ganze Familie feiert vereint in Berliner Kneipen. Auf dem Ku'damm wimmeln blaue Jeansjacken.

Heute stehen Gerd und Gitte am Anfang ihrer Rente, planen neue Urlaube, haben ihre Wohnung am Berliner Stadtrand verkauft und dafür ein Häuschen erworben in seiner alten Heimat. »Ich wollte nicht in den Osten, da ist mir zu viel Nostalgie«, sagt sie bestimmt. »Ost und West ticken unterschiedlich«, meint er dazu, »aber wir beide nicht.«

Nun wartet der nächste Neuanfang auf sie. »Was sollen wir eigentlich mit sieben Zimmern?«, fragt Gerd, dem der Umzug schwerer fällt als ihr. »Wenn man nicht mehr berufstätig ist und zu zweit zu Hause bleibt, rennt man sich 100 Mal am Tag über den Weg. Ich finde, es reichen auch 80 Mal«, sagt Gitte und lacht auf, hell und klar wie immer. »Wenn du erst mal dement wirst, freust du dich, mir 100 Mal zu begegnen«, sagt Gerd und fällt in ihr Lachen ein. Sich tage-, wochen-, monatelang gar nicht zu begegnen, können sich beide nicht mehr vorstellen.

KANN AUS LIEBE FREUNDSCHAFT WERDEN?

Paul und Janne

Auf einmal steht sie wieder da, zwischen all den Fremden. Als sich ihre Blicke treffen, sind alle Geräusche plötzlich dumpf verzerrt, der Puls dröhnend im eigenen Ohr. Gedanken rasen durch seinen Kopf, doch fassen kann er keinen. Sie sieht die Unsicherheit in seinen Augen. Wie lange stehen sie wohl so da? Zwei Menschen unter Zehntausenden auf einem Festival im Ruhrpott.

Gerade erst hat er die Bühne verlassen, die Gitarre unterm Arm. Früher, erinnert sich Janne, war Paul nach Auftritten oft wie weggetreten. Orientierungslos nach dem Rausch der Endorphine, dann, wenn die Spannung endlich abfällt. Aber heute ist er da, hier im Moment mit ihr. Sie umarmen sich und lassen nicht los. Ein bisschen ist es, als hielten sie sich aneinander fest, um von den überwältigenden Gefühlen nicht erdrückt zu werden.

Später erzählt Janne, die wie alle in dieser Geschichte in Wirklichkeit anders heißt, diese Begegnung auf dem Festival sei wie eine Kurzversion ihrer Beziehung gewesen. Alles noch einmal, mit der Taste auf Vorspulen eingerastet, konzentriert in einer Nacht. Fünf Monate sind Paul und Janne da eigentlich schon getrennt.

Ein gutes Team. Das waren sie immer. Janne und Paul

duellieren sich im spontanen Rap-Battle in der Küche, da sind sie noch nicht einmal ein Paar. »Du probierst mir zu erklären / dass keine Sau mich mag / Paul, selbst dein rechtes Auge / wendet sich von dir ab«, spittet Janne Paul entgegen und meint damit seinen leichten Silberblick. Spätestens da ist klar: Die beiden sind so dermaßen auf einer Wellenlänge. Wenn sie gemeinsam mit Freunden unterwegs sind und sich die Sprüche hin- und herwerfen, denken alle: Natürlich sind die ein Paar. Es ergibt einfach Sinn. Was sie hatten, war so offensichtlich, dass es nicht hinterfragt wurde. Die beiden würden mal die Ersten sein, die heiraten, erzählt man sich im Freundeskreis. Stattdessen trennen sie sich.

Eigentlich finden sich Paul und Janne ja schon lange gut. Nur: Paul datet damals Jannes Mitbewohnerin Mona, die mit dem Wasserbett. Wenn er in ihrer WG zu Besuch ist, hängen Janne und Paul oft noch bis spät in der Küche ab, leeren eine Bierflasche nach der anderen, während Mona schon schläft. Am Ende des Abends klettert Janne dann die Leiter zu ihrem Bett im Dachgeschoss hoch, und Paul legt sich zu Mona.

Bis zu dieser einen Nacht, in der viel schiefgeht und Schönes beginnt. Eincinhalb Jahre vor dem Festival ist das. Paul ist mit Mona feiern in dieser Nacht. Sie trinken zu viel, und das Koks lässt sie glauben, nichts könne sie verletzen. Doch für Paul endet der Rausch früher, er verträgt die Mischung nicht. Mona will noch weitertanzen, also holt Janne Paul ab und bringt ihn zurück in ihre WG. Und weil Paul sich nicht beruhigen kann, setzt sich Janne zu ihm ans Bett und liest ihm vor. »Weihnachten mit Thomas Müller«, ein

Märchen von Karen Duve. Die ganze Geschichte. Als sie das Buch schließt, sagt er: »Ich habe mich in dich verliebt.«

Als sie sich auf dem Festival wiedersehen, ist Paul eigentlich schon aus dem Gröbsten raus, hat den schlimmsten Liebeskummer hinter sich. Doch als Janne unerwartet vor ihm steht, ist alles mit einem Mal wieder da. Fünf Monate Trennung wie weggewischt. Pauls Bandkollegen freuen sich über den spontanen Besuch. High five, yeah, endlich ist Janne wieder am Start!

Es ist Ende Mai, nicht sehr warm, aber warm genug, um zu tanzen, zu springen und schließlich außer Atem auf der nächsten freien Fläche in den Staub zu fallen. Paul und Janne lassen sich über das Festival treiben. Hand in Hand, sie küssen sich, sie tanzen und lachen in dieser Nacht. Alles cool, alles gut, das Störgeräusch im Hinterkopf wie ausgeblendet. »Es hat sich falsch für mich angefühlt«, sagt Paul später. »Vielleicht weil ich nicht derjenige war, der es beendet hatte.«

Für Janne ist Paul der erste richtige Freund. Janne ist Anfang 20, Paul Ende 20. Sie lebt in einer kleineren Stadt im Ruhrgebiet, in der auch Paul aufgewachsen ist. Paul wohnt da schon in Berlin und kommt an den Wochenenden Mona besuchen. Er ist damals ein ziemlicher Aufreißer, sagt Janne. Dieser wilde Typ mit Band. Er muss sich nicht besonders anstrengen, schöne Frauen kennenzulernen, meistens sind sie es, die ihn ansprechen. Seine Band, die Tour, die eigene Platte, dieses Rockstar-Image arbeitet für ihn. Mona zum Beispiel hat er genau mit dieser Prahlerei für sich gewonnen.

Und Janne? Die findet das zum Kotzen. »Ich habe gemerkt: Das ist ihr scheißegal«, sagt Paul. »Warum interessiert die das denn nicht? Das fand ich nicht gut«, erzählt er und muss lachen. Denn eigentlich hat ihm genau das imponiert. Janne verbringt damals viel Zeit mit Punks, die coolen Kids langweilen sie. Im Gegensatz zu Paul hat sie keinen Geltungsdrang; was andere von ihr denken, ist ihr egal. Da sitzt sie in ihrem Ganzkörper-Frottee-Anzug in der WG-Küche, trinkt Bier aus der Flasche und hätte für Paul kaum anziehender sein können.

Janne ärgert es, dass sie Paul heimlich auch gut findet. Er gefällt ihr, seitdem sie das erste Mal gemeinsam mit Mona und ihm nach Berlin gefahren ist. Schon da wird klar, wie gut sie sich verstehen, weil sie beide bald nur noch miteinander anstatt mit der ganzen Gruppe sprechen. Aber gesagt hätte sie nie etwas, Mona war schließlich ihre Mitbewohnerin und eine gute Freundin. Als Paul ihr an dem Abend mit dem Buch ohne Umschweife sagt, wie er fühlt, kann sie nicht anders, als ihm zu antworten. »Ich mich auch in dich.« Sie küssen sich kurz. Dann schlafen sie getrennt.

Wenn man eine Person wirklich mag, dann muss man das auch sagen, meint Paul heute. Ob er Janne von seinen Gefühlen erzählt hätte, wenn er nicht betrunken gewesen wäre? Wahrscheinlich nicht. »Ich wäre einfach wieder nach Berlin gefahren, und wir wären nie zusammengekommen.« Unschuldige Worte können eben doch ein Leben verändern. Wie oft bleiben sie wohl ungesagt? »Jede Liebe beginnt mit einem Gefühl, an dem man dranbleibt«, sagt er, »oder eben nicht.« Seit sechs Jahren ist Paul jetzt schon Single, Janne war seine letzte Freundin.

Als sich die beiden ihre Gefühle gestehen, wissen sie: Wir machen das jetzt. Zwei Tage später spricht Paul mit Mona, es ist Heiligabend 2015. Tränen fließen, Mona fühlt sich verarscht. Mit Janne wohnt sie zusammen, mit Paul ist sie zusammen. Wie können ihr die beiden das antun? In ihrer ersten Nacht zusammen schlafen Paul und Janne bei einem Kumpel. Zu ihr können sie nicht, wegen Mona, zu ihm nicht, weil zu Hause seine Mutter wartet.

Es sind die typischen Höhenflüge junger Lieben, die ihre Anfangszeit begleiten, positiv wie negativ. Paul und Janne konnten einander so lange übertrumpfen, bis sie anfingen zu schweben. Hochgezogen im Sog ihrer eigenen Energie, bis es nur noch sie beide gab. Momente vollkommener Freiheit, unverwundbar, in denen nichts existierte als die Gegenwart. Sie können süchtig machen. Nachts nach dem Festival fallen Paul und Janne glücklich vom Rausch des Abends auf das Sofa eines Kumpels. Eng umschlungen schlafen sie ein. Die Ernüchterung folgt am nächsten Morgen. Beiden ist klar: Das war die letzte Nacht zu zweit.

Als sie sich kennenlernten, war Paul einer, der in den Tag hineinlebte, sagt Janne, der mal hier, mal dort jobbte. Und Janne, sagt Paul, die suchte nach Sicherheit. Janne zieht ihr Studium durch, arbeitet nebenbei viel. Wenn sie die Wahl hat, geht sie auf Nummer sicher. Die Freunde nennen sie manchmal liebevoll Oma Janne. Dabei ist sie so jung. Wenn er wieder einmal vergisst, den Zug zu buchen, und sich dann das Ticket nicht mehr leisten kann, nervt sie das. Janne fühlt sich für alles Mögliche verantwortlich damals. Dass Paul keinen Plan hat, löst in ihr puren Stress aus. Paul fragt sich: »Wie kann denn eine junge Frau so in sich ruhen, ihr Leben so auf die Reihe kriegen, und ich kann das nicht? Dabei bin ich doch sieben Jahre älter.«

Einmal im Urlaub in Slowenien fragt Janne Paul, wie er sich denn ihre gemeinsame Zukunft vorstelle. »Du bist doch nur Musiker.« Das sitzt. Bis heute denkt Paul an diese Szene. Wahrscheinlich hätten ihre Worte ihn nicht so sehr getroffen, hätte er sie nicht selbst insgeheim über sich gedacht. »Sie hatte einen Typen dort sitzen, der nachts spät von den Bandproben nach Hause kam, während sie morgens zur Arbeit ging«, sagt Paul. »Der immer zu wenig Geld hatte. Mir fehlte diese Struktur, die sie hatte.«

Heute glaubt Paul, dass er damals einfach ein bisschen verloren war. Dass er keine Ahnung hatte, wo er überhaupt hinwollte im Leben. Damals dachte er: Das ist eben meine Art. Immer unterwegs, meistens rastlos. Heute sagt er: »Man kann auch viel unterwegs sein und ein Zuhause in sich selbst haben.« Jannes Stabilität war damals so was wie ein Anker für ihn. Sie gab ihm Sicherheit. Nur in dem Moment im Urlaub nicht. »Wie soll das denn einmal werden, wenn wir Kinder haben?«, fragt sie. »Du hast doch nichts. Du hast kein Geld, keinen Job, bei dir ist alles so unsicher.« Und er hätte gerne gesagt: »Janne, verlass dich auf mich, ich werd auf jeden Fall etwas aus mir machen. Mach dir keine Sorgen.« Noch ist er nicht so weit, aber er spürt, dass er nicht ewig so weitermachen will. Er sieht schon damals den Zukunfts-Paul, den, der er heute ist. Der längst auf eigenen Beinen steht, eine Karriere hat, Verantwortung übernimmt. Janne sieht das damals nicht. »Dass sie kein Vertrauen in meine Zukunft hatte, hat mich sehr verletzt«, sagt Paul. »Das war ein Bruch. Aus uns beiden hätte was richtig Gutes werden können, hätte sie mir ein bisschen mehr vertraut.«

Aber so einfach ist es nicht. Janne sehnt sich nach mehr Zuverlässigkeit und spürt gleichzeitig diesen Drang nach Unabhängigkeit. Sie will lange reisen, auf jeden Fall allein. Wenn sie nachts im Bett zusammen liegen, fragt sie sich: Finde ich es eigentlich schön, umarmt zu werden? Wie kann ich mit dir sein, wenn ich mich gerade selbst noch suche? Wie nah kann ich dich an mich heranlassen, ohne mich selbst dabei zu verlieren? »Im Nachhinein weiß ich, dass wir beide auf der Durchreise waren«, sagt Paul. »Wir standen beide vor einer Weichenstellung in unserem Leben.«

Als sie sich ein Jahr nach dem ersten Kuss trennen, passiert das ohne großen Knall. Es ist wieder Weihnachten. Janne geht auf Reisen, und Paul schreibt einen Song. »Du sagst, du schaffst das grade nicht / Ich sag, ich schaff das mit für dich / Du packst den Rucksack ohne mich. Und ganz leise gehst du auf die Reise. / Alles macht dann Sinn, wenn du da bist, wo du hinwillst / Triff mich einfach, wenn du wieder da bist / Und ich warte, weil ich weiß, dass du zurückwillst.«

Fünf Monate lang hören sie nur sehr selten voneinander. Bis Janne auf dem Festival vor ihm steht. Sie sagt ihm nichts, fährt einfach hin. Die Beziehung, ihn, das ist eben doch genau, was ich will, denkt Janne. In ein paar Jahren würden sie wissend lächeln über die fünf Monate Trennung. Sie verbringen den Abend ganz so, als wären sie noch ein Paar. Bis Janne sagt: »Es tut mir leid. Ich kann das doch nicht.« Und Paul antwortet: »Du spielst mit mir.«

Geht das überhaupt, mit dem oder der Ex befreundet sein? Erlischt die Liebe, verhalten sich manche, als hätte es nie auch nur irgendeine Art von Nähe zwischen ihnen gegeben. Scheidungsanwältinnen können Bücherregale damit füllen. Doch manchmal klappt das eben doch. Weil sich zwei auch nach der Trennung wohlwollend begegnen. Weil sie geduldig mit sich und dem anderen sind. Weil sie pflegen, was sie als Menschen verbindet, nicht als Liebende.

Paul und Janne haben es rausgeschafft, wie Paul es nennt. Aus der Beziehung und in eine Freundschaft. Wenn Paul und Janne heute in der Gegend des anderen sind, bleiben sie über Nacht. Beide wären heute wahrscheinlich nicht, wer sie sind, wären sie sich damals nicht begegnet. Janne ist heute freier, weniger erwachsen, wandelt nicht mehr auf ausgetretenen Wegen. Und Paul ist strukturierter, weiß, was er will und wohin. Sie haben Spuren im Leben des anderen hinterlassen und begleiten sich weiterhin. »Manchmal sagen wir zueinander: Du kennst mich doch jetzt gar nicht mehr. Aber das stimmt nicht. Der Charakter ist immer noch gleich.« Sie sind gestartet als Verliebte, und es hat nicht geklappt. Aber was sie aneinander mochten, bleibt bestehen und trägt ihre Freundschaft. Wenn sich in ihren Leben etwas tut, sind sie immer unter den Ersten, die der andere anruft.

Wenn sie jetzt voneinander erzählen, lächeln sie. Dann verwenden sie die gleichen Worte – Respekt, Humor. Erzählen von den Partys, den Drinks. Noch immer foppen sie sich wie damals in der Küche. Immer noch mit viel Liebe, aber heute ohne Romantik. »Irgendwie haben wir immer alles richtig gemacht«, sagt Paul dann.

Manchmal schlagen sie die Hände vor das Gesicht und lachen darüber, wie sie früher waren. Beugen sich zueinander, halten inne und sagen: »Ach, so hast du das damals empfunden. Ich verstehe dich.« Es ist schön, wenn am Ende einer Beziehung noch so viel Liebe übrig ist.

EINE BEZIEHUNG MIT 31 JAHREN ALTERSUNTERSCHIED

Sofie und Nikolai

Schon das ist filmreif: Sofie, die junge Schauspielerin, wiegt ihr Baby im Arm, das nach Nahrung an ihrer Brust sucht. Dabei schaut sie herüber zu Nikolai, dem älteren Therapeuten und Vater ihres Kindes, der sich hier im hippen Sportstudio auf einem Crosstrainer abschwitzt und dabei sanft entspannt lächelt. Neben Nikolai joggt noch Katharina, seine frühere Frau, die Mutter seiner älteren Kinder, zudem seine Geschäftspartnerin in der gemeinsamen Hypnosepraxis. Als sich alle nach dem Training und dem Stillen mit Handtüchern die Stirnen abtrocknen, nimmt Nikolai das Baby auf den Arm, damit sich Katharina und Sofie herzlich umarmen können. Der Personal Trainer bringt ein paar Gläser Wasser und macht ein Foto von der perfekten Patchwork-Szenerie, bevor Katharina zur Arbeit muss. Draußen rauscht Berlin in die letzten Tage des Sommers, die Luft legt sich angenehm sanft auf die Haut. Sofie und Nikolai haben nun Zeit für sich. »Wollen wir ein bisschen laufen?«, fragt Sofie. »Dabei kann man immer gut erzählen«, antwortet Nikolai. Sie geben sich einen Kuss und lächeln sich an wie zwei Menschen im Fernsehen.

Die schwierigste Herausforderung einer Beziehung besteht darin, dass sie aus verschiedenen Menschen besteht. Zwei Prägungen, zwei Entwürfe, wie ein gutes Leben gelingen kann, zwei Charaktere, die einen größten gemeinsamen Nenner suchen. Was aber ist, wenn der größte gemeinsame Unterschied am augenfälligsten ist? Nikolai und Sofie trennen 31 Jahre Erlebtes und Noch-nicht-Erlebtes.

Die erste Szene: Als sie sich das erste Mal in die Augen sehen, da erkennen sie sofort, dass sie beide Energie und Wagnis in sich tragen, auch eine Spur Weltschmerz. Aneinandergeheftet bleiben sie stehen inmitten eines romantischen Festivals an diesem malerischen See, und Sofie spürt sofort eine Zugkraft in sich: »Jetzt tritt ein Mensch in mein Leben.« Für Nikolai fühlt sich ihr erster Moment an, als würden zwei Universen ineinander krachen und alle Umlaufbahnen auseinanderfliegen. Sie setzen sich auf eine Bank am See, reden ein wenig. Sie schweigen auch lange, weil sie sich so besser im richtigen Moment fühlen. So vergehen ihre ersten Stunden. Die Schauspielerin, die noch studiert, und der Therapeut, dessen Tochter älter ist als sie. Liebe ist selten einfach.

Die zweite Szene: Sofie lehnt auf der Couch der Hypnosepraxis, die an einer teuren Straße im Berliner Stadtzentrum liegt, und erklärt im ersten Gespräch für diesen Text, wie sie das Geheimnis der Liebe systematisch entziffert haben will. »Liebe ist für mich individuell, kollektiv, spirituell, evolutionär«, zählt die Frau auf, die neben der Schauspielerei Politik studiert. »Individuell ist die Orientierung, die Liebe gibt. Kollektiv ist die Struktur, die

Liebe gibt. Spirituell ist wie so ein Marker, ein Magnetismus. Und evolutionär ist das Zusammenführen von Gegensätzen.« Nikolai, ein in guten Kreisen gebuchter Traumatherapeut und früher als Minnesänger so bekannt wie sie jetzt als Schauspielerin, sitzt neben ihr und schaut sie ob ihrer Wortgewichtigkeit bewundernd an: »Ich hab eine gescheite Frau, oder?« Sie lächelt zurück und ergänzt sich: »Und dann kommt natürlich das ganze Gefühl mit rein.« Lässt sich das Gefühl füreinander auch entziffern? Sofie, 26 Jahre jung, und Nikolai, 57 Jahre alt, haben geheiratet, um es herauszufinden.

Er nennt sich Alt-Hippie, seine Eltern sind Buddhisten und haben schon früh zum Tod geforscht. Nach der Schule zieht er weg aus der bayerisch-spirituellen Enge, beginnt eine Musikkarriere an der Harfe, geht mit Udo Lindenberg auf Tour. Nikolai de Treskow, wie er sich nennt, zieht auf eine Burg, um als Performancekünstler herauszustechen und schreibt Bücher über »die hohe Kunst der Verführung«. Darin stehen Sätze wie: »Wer den Reiz kennt, einer Frau einen hohen Turm zu mauern, um ihn dann mit viel Genuß langsam zu schleifen, weiß um die Seligkeit solcher Wonnen.«

Sie beginnt ihre Erzählung über sich mit dem Satz, dass sie nicht so oft über ihr Leben rede. »Es ist ja nicht gewöhnlich, mit 26 in die Selbstreflexion zu gehen.« Dabei scheint sie genau das gern zu tun. Ihre Eltern sind Pädagogen, Bildung prägt sie von Geburt an. Sofie macht ihr Abi mit 16, absolviert eine Lehre als Industriekauffrau und entdeckt die Schauspielerei. Ihre Rollen erobert sie sich am liebsten über Emotionen. Charaktere aus den

Drehbüchern will sie zu eigenen machen – sie braucht danach manchmal Wochen, um wieder zurück zu sich zu finden. Inzwischen ist Sofie Eifertinger bekannt durch ihre Hauptrolle in der Netflix-Serie »Kitz«, in der sie in einem bayerischen Luxuskurort den Reichen die Masken von ihren hübschen Gesichtern reißt. Und sich selbst gleich mit.

Es dauert einige Zeit, bis das erste Treffen für diese Geschichte zustande kommt. Das eigene Hochzeitsbild bei Instagram hochzuladen ist das eine. Aber wie werden ihre Eltern einen Text über sie lesen? Als sie dann schließlich erstmals von ihren Wünschen, Träumen und Ängsten erzählen, Hand in Hand auf der Therapiecouch in der Hypnosepraxis, wirken sie ganz bei sich. Voll im Moment und in ihrem Element. Sofie sagt es so: »Wir surfen unser Schicksal.«

Jede Beziehung muss nicht nur sich selbst aushalten, sondern auch die Urteile, zuweilen Vorurteile über sich: Werten sich ältere Männer mit jüngeren Frauen nur auf? Und falls ja, was springt für die Frau dabei heraus – ein Gewinn an Erfahrung, Geborgenheit, Besonderheit? Ein Mensch, der bei einem bleibt, weil er schon weiß, was er wirklich will? Ein Mensch aber auch, der wahrscheinlich früher geht.

Die dritte Szene: Sie geben eine Party in ihrer Dachgeschosswohnung. Von der Terrasse kann man die Sterne sehen, an die Wohnzimmerdecke haben sie einen leuchtenden Mond gehängt. Zu dem Fest kommen junge und ältere Leute, die über eine WhatsApp-Gruppe eingeladen worden sind. In der Einladung hieß es in mondänem Neu-

Deutsch: »Sammle Deine letzten Superhero-Kräfte, fliege zum begehrtesten Roofshare der Stadt und lade mit uns in bester Gesellschaft Deine Networking & Brainstorming Batterien auf.«

Bei der Party wölbt Sofies schwangerer Bauch schon ihr Glitzerkleid. Um sie beide herum versammeln sich Filmleute, Medienmenschen, Psychologinnen und Manager. Bevor ab Mitternacht getanzt wird, sollen sich die Gäste der Runde selbst vorstellen – ein Mann erzählt, er habe die Ursprungsversion des Spiels »Risiko« erfunden, eine Frau berichtet, sie sei bisher immer nur unglücklich verliebt gewesen. Sofie und Nikolai stehen Arm in Arm beisammen, lauschen lachend den Geschichten und freuen sich, all diese Menschen miteinander verbunden zu haben. Im wahren Leben ist alles möglich – das ist wohl ihre Botschaft. Unsere Liebe ist das beste Beispiel – das zeigen sie sich und den anderen. Nikolai zückt sein Handy, macht ein kleines Video von Sofie, sie sendet einen Luftkuss, er lächelt sie an und fragt sie: »Sollen wir gleich live gehen?«

Wie wichtig sind andere Augen, die auf die eigene Beziehung gucken? Verändert sie sich durch die Blicke? Sofies und Nikolais Antwort darauf besteht aus einer Gegenfrage: Täuscht nicht schon der eigene Blick auf die Liebe? Nikolai sagt zu Sofie: »Wahrscheinlich bist du gar nicht so wie das, was ich an dir liebe.« Sie lacht hell auf und antwortet: »Elemente von dem, was du an mir liebst, sind schon wahr.« Nach diesem Dialog fragt man sich: Reden die beiden abends unter ihrem Wohnzimmermond auch so miteinander?

Als Paar irritieren sie. Zuerst ihre Eltern, die erst mal zurückhaltend reagieren. Dann einige seiner älteren Boomer-Freunde, die über die schnelle Welt und die jungen Leute von heute meckern. Aber auch manche ihrer linken Studi-Freundinnen, die in ihm das Feindbild vom alten weißen Mann erkennen. Auf Unipartys gibt es Getuschel, wenn sie zusammen auftauchen: Guck mal, da ist Sofies 40 Jahre alter Freund. Nikolai freut sich dann: Cool, die halten mich für 40!

Erst jetzt, mit ihrem ersten gemeinsamen Kind im Arm, werden die verstohlenen Blicke auf sie weniger. So divers die Gesellschaft inzwischen ist, so selten durchmischt sie sich zwischen den Generationen. Hat nicht jede kulturelle Kohorte längst ihre eigene Sprache, ihren eigenen Humor, ihre eigenen Ideale? Kann man diese über Generationen hinweg nur zusammenbringen, indem sich eine dem anderen unterordnet, zum Beispiel die Jüngere dem Älteren?

Sie hat sich eine alte Polizeiwanne und ein Autodachzelt für Ausflüge gekauft, so was hatte er früher auch in ihrem Alter. »Wenn du so alt bist wie ich, verlasse ich die Erdenscheibe«, sagt er zu ihr. Wohnt nicht allein diesem Umstand ein Ungleichgewicht inne? Rührt ihr zeitweiliger Weltschmerz aus der so offensichtlichen Vergänglichkeit? Nein, glaubt Sofie: »Es ist die grundsätzliche Unmöglichkeit, sich ganz dem Leben hinzugeben. Alles Mögliche soll man machen, alles soll einen Effekt haben.«

Ja, auch in der Liebe gibt es viel Druck: Finde das unendliche Glück! Entdecke schöne Körper! Sei eine starke Frau! Aber vielleicht sind die feinen Risse in unserem Inneren viel aufregender als glatte Rollen, die wir meinen erfüllen zu müssen. »Ich will keinen Bildern aus Filmen hinterherrennen«, sagt Sofie, die Schauspielerin. »Wir finden unseren Selbstausdruck«, sagt Nikolai, der Therapeut.

Ihre Liebe ist nicht tollkühn wegen ihres Alters, sondern weil sie sich ständig selbst hinterfragt. Beide hielten sich für weltoffene, tolerante Menschen – und merkten erst durch ihr Gegenüber, wie viele Lebensmodelle sie zunächst ablehnten. Miteinander sind sie nun nachsichtiger. »Wir streiten nie«, sagt Nikolai. »Wir forschen oft.« Und die Rollen verkehren sich. Bei Galas auf dem roten Teppich macht er ihr Platz, zu Hause in ihrem Dachgeschoss in Prenzlauer Berg fühlt sie sich als die Dominante. Aber dann kniet sie vor Nikolai hin und fragt ihn: Willst du mich heiraten?

Bei ihrer Hochzeit, die sie ein Jahr nach ihrem Kennenlernen auf dem gleichen Grundstück am romantischen See feiern, gibt es eine Silent Disco. Alle Generationen tanzen mit Kopfhörern auf der Wiese, drei DJs legen auf, an den Kopfhörern kann man die Kanäle umschalten oder sie zum Quatschen abnehmen. Inzwischen machen sie das öfter, was für Nikolai ganz praktisch ist: »Wir Älteren kommen in den Clubs ja nicht an den Türstehern vorbei. Und nachts um eins bin ich auch zu müde.« Da lacht Sofie, die sich um solche Dinge nicht sorgen muss.

Einen Ehevertrag haben sie nicht, sie haben sich selbst Werte gegeben und diese aufgeschrieben. Sie wählte Humor, Tiefe und Vielfalt. Er wählte Abenteuer und Treue. Ewige Jugend? Offene Beziehung? Das ist nichts für sie. »Ich will eher die Ambiguität einer Person erleben«, sagt

Sofie. Manchmal wirkt ihre Sprache surreal. Jugendlich will sie auf keinen Fall sein. »Ohne Nikolai würde ich jetzt vielleicht zehn Jahre lang den Bildern einer modernen Liebe hinterherrennen. Und irgendwann in einer totalen Zerstreuung aufwachen.«

Die vierte Szene: Sie sitzen mit Kind und Kegel in einem sommerlich beschienenen Café und reden von der Zukunft, die sie sich miteinander vorstellen. Ein Landhaus an einem See in Italien haben sie sich gerade gekauft, heute Nacht noch wollen sie aufbrechen, um dort die ersten Tage und Nächte zu verbringen. Sofie erzählt, dass sie kürzlich zum ersten Mal eine Therapiesitzung in Nikolais und Katharinas Hypnosestudio geleitet hat und dass sie ein weiteres solches Zentrum in München eröffnen möchten. Nikolai berichtet, dass sie ihr Leben vielleicht von einem Dokumentarfilmer begleiten lassen wollen – eine Soap über ein ungleiches Paar, das im Abgleichen und Angleichen einen gemeinsamen Ausgleich findet. Wenn sie nach ihrer Elternzeit bald wieder Aufträge für Filme und Serien annimmt, will er mit ans Set kommen und sich um das Baby kümmern. »In einer Liebe geht es vor allem um das innere Gerüst, das man sich baut«, sagt Sofie. Sie versuchen, ihres auf viele Säulen zu stellen. So kommen Unterschiede weniger zum Tragen.

Je länger die Gespräche auf der Therapiecouch, auf ihrer Party oder im sommerlichen Straßencafé dauern, desto mehr hat man den Eindruck: Hier wollen zwei unbedingt zeigen, wie sie zusammen reifen. »Wir gucken nicht, was Trend ist«, sagt Nikolai nicht ohne Stolz. Als Paartherapeut komme er viel mit der polyamoren Szene in Berührung – doch gerade der Anspruch des Freiseinwollens mache vieles kompliziert, enge Menschen sogar ein. »Bei der Mehrzahl ist eine Menge Stress im System.« Das augenscheinlich ungleiche Paar ist sich hier ganz nahe: Sie sind das Gegenprogramm zur schnellen, oft flatterhaften Liebe – sich gegenseitig und ihrem Inneren zugewandt. Sofie sagt, sie wolle sich, wenn sie in Nikolais Alter komme, nicht selbst fragen müssen: »Was von diesem Leben war jetzt meins, und was war Mode?«

Ausschlafen, mit den Katzen frühstücken, in die Natur rausfahren, nachdenken, schwimmen, reden, tanzen, übernachten im Camper im Wald. Das ist für sie ein perfekter Tag. Sie haben beide volle Leben und bauen sich Oasen hinein, veranstalten Lesungen in der Hypnosepraxis, schmeißen Partys unter dem Sternenhimmel, lieben Impro-Theater, richten das neue Landhaus ein. Sie gestalten sich ihr Erwachsensein so erwachsen wie möglich. Das ist ihre Freiheit.

Dass sie zusammen Kinder wollen, ist ihnen schnell klar geworden. »Für mich bedeutet das wieder zehn Jahre auf dem Spielplatz«, lacht Nikolai, der Ältere. Die junge Sofie wird in ihren nächsten Filmen bald wieder andere Familienmodelle darstellen als ihr eigenes. Er wird den Haushalt schmeißen. Erst wollte sie keine Kinder in diese überhitzte Welt setzen. »Aber dann habe ich mich gefragt: Ist nur ein sicheres Leben ein lebenswertes?« Und Nikolai hat keine Zeit zu verlieren. »Ich will das Kind ja noch tragen können.« Als die Schwangerschaft schließlich spruchreif wird, verkünden sie sie in einem gemeinsamen Interview in der Promi-Zeitschrift *Bunte*.

Eine eigene Familie aufzubauen, das wird der nächste Crash ihrer Universen, die sich gerade erst neu zusammen sortiert haben. Er als erfahrener Vater hat das schon einmal erlebt. Sofie freut sich trotzdem auf jeden neuen Tag zu dritt, später vielleicht zu viert: »Ich möchte einmal mit meinen Kindern über Liebe sprechen.«

Letzte Szene: Sie sitzen auf der Therapiecouch in der Hypnosepraxis wie ein Paar, das hier eine Therapie haben könnte – sich aber lieber selbst heilt durch Tiefsinnigkeit. Ist es nicht komisch, so schnell zum ernsten Teil des Lebens zu kommen? »Ach, der leichte Teil hat mich immer gelangweilt«, sagt Nikolai und umfasst Sofies Hand. »Ich finde, der ernste ist der authentische Teil«, sagt sie. Sie schauen sich an, und nur äußerlich passiert dabei nichts. Manchmal ist Liebe ganz einfach.

KRANKHEIT

Astrid und Jochen

Am Anfang runzelt Astrid nur manchmal die Stirn. Einmal zum Beispiel, als Tom einen Vortrag in einer anderen Stadt hält und bei seiner Rückkehr nicht wie sonst von den Professoren und Doktoren berichtet, die im Publikum saßen. Sondern davon, dass er den Bahnsteig nicht finden konnte, von dem sein Zug fuhr. Oder als er die ganze Nacht die Kofferraumklappe auflässt, bis Nachbarn ihn darauf hinweisen.

Wer ist nicht mal schusselig? Doch als Tom beim Wandern die Karte nicht mehr lesen kann und im Supermarkt für ihr Lieblingsgericht einkaufen will, aber vergisst, das Wichtigste zu besorgen - das Huhn -, wird Astrid stutzig. Schließlich hatte ihr Mann, der emeritierte Professor, den sie vor 40 Jahren als Studentin kennenlernte, nie ein Problem mit dem Gedächtnis. Im Gegenteil: Er konnte sich alles perfekt merken.

Alzheimer kriecht ins Leben. Er taucht erst nur gelegentlich auf. Als würde er kurz durchs Fenster winken. Aber irgendwann werden seine Besuche regelmäßiger, länger. Schließlich wird er zum Dauergast. Er sitzt dann mit am Tisch, begleitet auf Ausflüge, in Urlaube und ins Restaurant. Bis das alles seinetwegen überhaupt nicht mehr möglich ist.

Dass mit Tom etwas wirklich nicht stimmt, wird Astrid klar, als sie gerade mit dem Arbeiten aufhört. Da ist Tom 70 Jahre alt und sie 60. Gemeinsam freuen sie sich auf die bevorstehenden Jahre. Ihre Rente wollen sie mit viel Reisen und Rotweintrinken verbringen. Aber es kommt anders.

Ungefähr zu der Zeit, als Astrid Tom wegen seiner Gedächtnislücken zum Arzt schickt, hat Jochen seine Frau schon zu etlichen Tests begleitet. Jochen und Anne sind da Mitte 50. Auch sie kennen sich seit den Zwanzigern und haben ihr komplettes Erwachsenenleben miteinander verbracht. Auch Anne hört plötzlich auf, so zu funktionieren, wie sie es davor immer getan hat.

Zuerst sind es nur Gesellschaftsspiele, die Anne nicht mehr versteht. Dann ist es ihr Smartphone. Und irgendwann überfordert sie ihr kompletter Alltag. Der ist allerdings auch anstrengend: Jahrelang pendelt Anne für ihren hoch dotierten Job in einem großen Konzern mit dem Zug in eine andere Stadt. Eineinhalb Stunden braucht sie dafür pro Strecke, drei Stunden pro Tag. Kein Wunder, dass jemand mit so einem Pensum mal eine Pause braucht. Die Ärzte tippen auf Burn-out.

Doch auch nachdem Anne wochenlang krankgeschrieben ist und ihre Arbeitszeit reduziert, geht es ihr nicht besser. Eines Morgens verlässt sie das Haus, um zur Arbeit zu fahren, Minuten später steht sie wieder in der Tür und sagt zu Jochen: »Ich fahre da nicht mehr hin. Nie wieder.« Und es stimmt. Anne wird von da an nicht mehr arbeiten.

Dass mit Annes Gedächtnis etwas nicht stimmen

könnte, darauf kommt zu dem Zeitpunkt niemand. Alzheimer mit Mitte 50 ist selten, deshalb hat es kaum jemand auf dem Schirm. Aber Jochen lässt nicht locker, fährt Anne quer durch das Bundesland, zu Ärzten und Spezialistinnen, damit die herausfinden, was seiner Frau fehlt. Warum sie die Tage auf dem Sofa im Wohnzimmer verbringt oder am Esstisch, wo sie ins Leere starrt. In einer Gedächtnisklinik erhält Anne schließlich die Diagnose.

Es ist der gleiche Ort, an dem auch Toms Erkrankung erkannt wird. Am Abend, nachdem sie Gewissheit haben, sitzen Astrid und er zusammen. Astrid weiß nicht, ob Tom versteht, was er hat. Er wiederholt immer wieder, dass es ja auch Normaldruckhydrozephalus sein könnte. Eine Krankheit, bei der der Hirndruck steigt, die aber heilbar ist. Das hatte der Arzt auch mal in den Raum gestellt. Aber jetzt ist die Diagnose klar: Alzheimer. Das erklärt Astrid Tom. Und dass sie ihn zu Hause pflegen wird.

Wenn man jung ist und Glück hat, dann kann man sich ziemlich viel um sich selbst kümmern. Auch in Beziehungen. Man trifft simple Entscheidungen auf simple Fragen: Was will man abends kochen? Welchen Film gucken? Wohin in den Urlaub? Mit zunehmendem Alter steigt meistens die Verantwortung. Dann müssen zusätzlich zu einem selbst und dem Partner noch Kinder, Chefs und Eltern mit Aufmerksamkeit versorgt werden. Liebe wird dann oft komplizierter. Aber wie funktioniert sie, wenn die Bedingungen richtig miserabel sind?

Auch Jochen will, dass Anne zu Hause bleiben kann. Weil die Coronapandemie sein Büro ins Wohnzimmer verlagert, verbringen sie viel Zeit zusammen. Anne malt bunte, wilde Bilder. Jochen arbeitet. Abends sind sie oft mit den Nachbarn im Garten, grillen und hören Musik. Anne ist mittendrin. Jochen freut das. Kurz denkt er, dass vielleicht doch alles gar nicht so schlimm ist.

Auch Astrid verbringt eine schöne Zeit mit Tom: Sie reisen ans Meer, und wenn sie abends zusammen Wein trinken, dann erzählt Astrid ihm von früher. Davon, wie sie sich kennenlernten und wie aufregend das war: Sie als Studentin, er als ihr Dozent – wie sie ganze Nächte durchquatschten, sich über Theorien und Weltansichten austauschten.

Tom lächelt dann, nickt, erinnert sich auch. Aber irgendwann wird das Erinnern immer schwieriger und der Alltag zunehmend beschwerlicher. Als Tom eine Anzeige erhält, weil er den Supermarkt verlassen hat, ohne zu bezahlen, hat Astrid einen Kloß im Hals. Sie ahnt, dass das erst der Anfang ist.

Demente Menschen vergessen alles. Sie vergessen, dass man auf Eier nicht Zucker streut, sondern Salz. Sie vergessen, warum man Kleidung tragen muss, dass man Tee vor dem Trinken abkühlen lässt und an welchem Ort sie sich befinden. Sie vergessen die Namen ihrer Kinder, den Weg zur Toilette und wann sie müssen. Sie vergessen sich selbst.

Jochen, der mittlerweile seinen Job verloren hat, spürt, wie er nicht mehr kann. Anne hat da längst aufgehört, große Leinwände zu bemalen. Erst hatte sie es noch mit Ausmalbildern versucht, dann mit Mandalas. Irgendwann musste sie es komplett sein lassen.

Jochen ist nicht mehr dazu in der Lage, rund um die Uhr auf Anne aufzupassen wie auf ein kleines Kind. Er stellt eine Pflegerin aus Polen ein, doch die mag Anne nicht. Dann stellt Jochen einen Mann ein, mit dem versteht Anne sich besser, aber der muss nach einigen Monaten zurück in die Heimat.

Auch Astrid verlassen die Kräfte. Sie beginnt, Pflegeheime zu besichtigen. Bei dem Anblick der ersten Einrichtung wird ihr schlecht. Niemals kann Tom hier wohnen. Nicht in so einem trostlosen Zimmer aufwachen und in dem kargen Gemeinschaftsraum frühstücken. Es dauert lange, bis sie eine einigermaßen adäquate Einrichtung findet, am Stadtrand, mit großem Garten.

Zur gleichen Zeit ringt auch Jochen sich zu einem Pflegeheim durch. Seine Kinder raten ihm dazu, seine Nachbarinnen und Freunde ebenfalls. Ganz in der Nähe ihres Hauses ist ein hübsches.

An einem kalten Wintertag bringt er Anne dahin. Das Zimmer im Erdgeschoss, in dem sie von jetzt an wohnen soll, hat er vorher schon eingerichtet. Er hat ihren gelben Sessel, das letzte Möbelstück, das sie sich selbst gekauft hat, hineingestellt, Familienfotos an die Wände geklebt und überall im Zimmer die kleinen Steine verteilt, die Anne früher gesammelt und bunt bemalt hat.

Als er mit Anne ankommt, laufen sie über das Gelände. Jochen zeigt ihr den Speisesaal und den Garten. Zurück im Zimmer schauen sie sich lange an. Dann setzt Anne sich in ihren gelben Sessel. Auf dem Weg nach Hause könnte Jochen die komplette Strecke lang schreien. Im leeren Haus kommen ihm die Tränen. Er schaut sich alte

Fotos und Videos an, von ihnen als Paar und mit den beiden Kindern als Familie.

Fortan besucht er Anne zweimal am Tag. Als er eines Nachmittags in ihr Zimmer kommt, liegt nicht sie in ihrem Bett, sondern ein Mann – ein anderer Patient. Er stellt sich als Tom vor und als Annes neuer Freund. Als Jochen den Mann am Abend googelt, muss er grinsen. Der Wikipedia-Eintrag des emeritierten Professors ist lang.

Astrid muss, nachdem Tom in das Heim am Stadtrand gezogen ist, selbst in eine Klinik. Sie ist dermaßen erschöpft, dass sie sich kaum noch bewegen kann. Als sie zurück ist und Tom besucht, laufen die beiden im Gang an Jochen und Anne vorbei. Jochen scherzt: »Sie gehören also zum Herrn Professor, der im Bett meiner Frau lag?« Astrid schmunzelt kurz, grinst dann und muss schließlich herzlich lachen.

Astrid und Jochen begegnen sich bei ihren Besuchen im Heim immer wieder. Erst nur durch Zufall auf dem Flur, dann verabreden sie sich richtig: zunächst mit Tom und Anne, entweder in seinem oder in ihrem Zimmer. Später treffen sie sich auch alleine.

Das erste Mal, dass sie nur zu zweit sind, kommt so zustande, dass Astrid eine dringende Frage zu Photoshop hat und Jochen sie ihr an seinem Rechner zu Hause erklärt. Er kocht dann noch etwas, danach geht Astrid wieder. Ungezwungen ist das und schön. Schön, weil sie zusammen viel lachen. Sie lachen die Strapazen der letzten Jahre weg, lachen über das Windelnwechseln und über die Verzweiflung, die sie manchmal mitten in der Nacht überkommt. Aber sie reden auch oft ernst. Und immer ehrlich.

Wenn es irgendwann in ihrem Leben mal darum gegangen war, jemand zu sein, etwas zu verkörpern – einen Lebensstil, ein Milieu, eine gesellschaftliche Stellung –, dann ist das nun endgültig vorbei. Denn Astrid und Jochen haben längst gemerkt, dass von diesen Dingen am Ende sowieso nicht viel übrig bleibt. Sie wissen inzwischen, dass es darum geht, Erinnerungen zu schaffen. Den Moment zu genießen.

An einem Abend im Garten von Jochen sprechen sie über die Einsamkeit. Darüber, wie das war, immer alleine verantwortlich zu sein – und wie es jetzt ist, jeden Morgen alleine aufzuwachen.

Als sie sich eine Woche später das erste Mal küssen, ist das zwar aufregend und schön, aber auch ein bisschen verwirrend. Immerhin sind sie beide eigentlich verheiratet, hatten ihr Leben mit jemand anderem geplant.

Als sie sich danach im Pflegeheim wiedersehen, machen sie einen großen Bogen umeinander. Jochen schlägt das Herz bis zum Hals. Hat seine Frau etwas gemerkt? Spürt sie, dass er dauernd zu Astrid schauen muss, die doch eigentlich die Frau vom Professor ist? Doch Anne benimmt sich wie immer.

Astrid und Jochen verbringen ihre freie Zeit, ihre Rente, nun so, wie sie sich das vorgestellt haben. Sie leben in den Tag hinein, schlafen mal bei Astrid und an anderen Tagen bei Jochen, frühstücken spät und fahren spontan für ein Wochenende ans Meer. Ein bisschen fühlt sich das für beide an wie damals mit Anfang 20 im Studium.

Als sie ihren Freunden erzählen, dass sie nun zusammen sind, also ein Paar, ernten sie Zuspruch, Freudesbekundungen und Umarmungen. Jochen hatte sich das anders vorgestellt. Immerhin war in seinem Leben bis vor einiger Zeit das meiste genauso gelaufen, wie es zu laufen hat: Ehe, Einfamilienhaus, zwei Kinder. Dass er irgendwann mit jemand anderem zusammen sein könnte und trotzdem noch mit seiner Frau verheiratet, damit hatte er nie gerechnet.

Aber Astrid und Jochen einigen sich darauf, dass man auch mehrere Menschen gleichzeitig lieben kann, ohne sie zu betrügen. Das schlechte Gewissen verfliegt.

Neuerdings kommen sie oft zusammen ins Pflegeheim. Sie machen Spaziergänge mit Anne und Tom, bei denen sich Anne bei Astrid unterhakt oder Jochen Toms Rollstuhl schiebt. Manchmal sitzen sie auch zu viert im Garten, trinken Kaffee, essen Kuchen. Und lächeln sich alle auf ihre Art an.

DIE WECHSELJAHRE

Andrea

Mit einem Mal fühlte sich Andrea nicht mehr jung. Ganz unvermittelt und ohne Vorwarnung. Es ist der Augenblick, in dem ihr Gynäkologe sagt: »Sie sind in den Wechseljahren.« Und Andrea hat nur einen Gedanken: »Jetzt bin ich alt.« 42 ist sie da gerade mal, bei den meisten Frauen beginnt das sogenannte Klimakterium erst Ende 40 oder noch später.

Dabei fühlte sie sich doch bis gerade eben noch ganz anders. Andrea, die in Wirklichkeit anders heißt, ist Single, hat keine Kinder, liebt es, sich aufzubrezeln und nächtelang durch die Berliner Clubs zu ziehen. Sie sieht locker zehn Jahre jünger aus, als sie ist. Andrea lebt ein Leben, wie es viele schon in den Dreißigern ablegen. Wechseljahre? Das schien für sie in ferner Zukunft.

Jetzt wird sie mit einem Mal alle paar Minuten knallrot, ihr Schweiß stinkt, und sie ist ständig schlapp. Die volle Ladung an Begleiterscheinungen. Um die Symptome zu lindern, versucht Andrea Hormonyoga. Hormonyoga, so die Verheißung derer, die es anbieten, soll Frauen alles Anstrengende erleichtern: Kinderwunsch, Menstruation, Wechseljahre. Andrea muss lachen, wenn sie daran zurückdenkt. »Das ist das Dümmste, was man machen kann! Alle zwei Tage diese langweiligen Übungen, und es bringt überhaupt gar nichts. Ehrlich. Sollte man einfach sein lassen.«

Auch Andreas Aussehen verändert sich. Früher hatte sie nie Probleme mit Cellulite, jetzt sind da Dellen, wo ihrer Ansicht nach keine hingehören. Was früher straff war, ist jetzt schlaffer, ihr lockiges Haar wird dünner. In Würde« zu altern, das sagt sich so einfach dahin. Einfach über den körperlichen Veränderungen zu stehen, so zu tun, als kümmerte es einen gar nicht, sich von dem früheren Körper zu verabschieden. »Das nagt schon echt am Selbstbewusstsein.« Vor den Wechseljahren findet sie sich attraktiv, wenn sie in den Spiegel schaut, jetzt zweifelt sie. »Und dann noch diese Schweißausbrüche dazu: Das kann ja keiner mehr attraktiv finden. Echt nicht.«

Wechseljahre und Single sein, das klingt erst mal nicht herausfordernder als Single sein im Allgemeinen. Bis man selbst drinsteckt. Früher, da war es für Andrea eigentlich nie schwierig, Männer kennenzulernen. Abends ausgehen, den Blick eines Fremden einfangen und spüren, wie zwischen beiden ein unsichtbares Band entsteht. Und dann, mal sehen, vielleicht wächst etwas daraus, das bleibt. Vielleicht bleibt es bei der Begegnung in dieser Nacht. Heute vermisst sie das.

Eigentlich ist Andrea noch auf der Suche, aber kann sie jetzt überhaupt noch jemanden kennenlernen? 57 ist sie heute, und je älter sie wird, desto schwerer erscheint es ihr, etwas zu finden, das sich echt anfühlt. »Meine Ansprüche werden natürlich auch nicht weniger. Ich weiß, wer ich bin, was ich will und was eben nicht«, sagt Andrea. Soll sie das alles über Bord werfen, einfach nur, um nicht allein zu sein?

Zu oft schon saß sie mit Freundinnen gemeinsam am Tisch und wunderte sich insgeheim, wie die sich ihre Partner teils schönredeten. Nein, dann doch lieber allein. Sie möchte etwas fühlen, wenn sie jemand Neues kennenlernt, möchte ihren potenziellen Partner attraktiv finden. Oberflächlichkeit interessiert sie nicht mehr. Eher, ob er Sprachwitz und Humor hat. Ist das einer, der noch abenteuerlustig, noch lebenshungrig ist? Hat er noch frische Ideen im Kopf? Das ist die Attraktivität, nach der sie sucht.

Red Flags? Wenn Männer nicht mit ihren eigenen Gefühlen umgehen können, zum Beispiel. Dann ist sie weg. Wer das bis in ihr Alter noch nicht gelernt hat, der lernt es auch nicht mehr, glaubt Andrea. Der letzte Mann, mit dem sie zusammen war, küsste sie immer nur flüchtig. Als sie ihn darauf ansprach, entgegnete er nur, ja früher mit der sowieso, da habe er stundenlang geknutscht. Aber heute? Das habe er doch alles schon erlebt. Schade, dachte sich Andrea. Als ob Intimität einfach so austauschbar wäre.

Irgendwie häufen sich Erfahrungen wie diese seit dem Beginn der Wechseljahre. Andrea beschäftigt die Diagnose damals sehr. Als sie sich ihren Freundinnen anvertraut, merkt sie, was für ein Tabu die Menopause immer noch ist. »Die haben total zugemacht«, erzählt sie. »Ich hätte mir mehr Frauensolidarität gewünscht, aber meine Freundinnen waren schockiert.«

Zu hören, dass Andrea sich der Menopause nähert,

zwingt ihre Freundinnen, sich mit ihrem eigenen Älterwerden auseinanderzusetzen. Ein Älterwerden, das bei Frauen mehr als bei Männern an Konsequenzen gebunden ist. Wollte ich nicht eigentlich noch Kinder? Hab ich noch Zeit? »Manchmal hatte ich das Gefühl, ich hätte eher erzählen können, dass ich nur Sex haben kann, wenn mir ein Goldhamster zuschaut, als über die Wechseljahre zu sprechen. Das ist einfach unsexy.«

Im Internet sucht Andrea nach Erfahrungsberichten und findet Frauenratgeber, die von der »zweiten Hälfte des Lebens« schreiben, die jetzt angebrochen sei. Mit 42? Von »Kindern aus dem Haus« und dem »neuen Beziehungsabschnitt mit dem Ehemann‹. Welche Kinder? Welches Haus? Welcher Ehemann? »Es war total bizarr«, sagt Andrea: »Von wem reden die? Das bin ich nicht, und das werde ich auch nie sein. Was wollen die von mir – soll ich jetzt töpfern gehen?« Alles, was sie an Informationen findet, findet sie extrem oberflächlich. Nichts davon entspricht ihrer Lebensrealität.

Im Erwachsenenalter als Paar zu leben, gilt immer noch als die Norm, am besten mit Nachwuchs. Alleinstehende, kinderlose Frauen zwischen Ende 30 und Mitte 60 haben »kein Glück in der Liebe« oder hören, man könne nicht verstehen, wie eine so tolle Frau keinen Partner finde. Frauen können heute scheinbar alles, aber alleinstehend durchs Leben gehen? Geschieden, klar. Verwitwet auch. Doch wenn da nie jemand anders war, jedenfalls nicht für länger, löst das Geraune aus.

Die Frauen sind dann oft »konzentriert auf ihre Karriere«. »So ein Quatsch«, sagt Andrea. Als ob die eigene Karriere eine Partnerschaft ausschließen würde. Und Kinder wollte Andrea ohnehin nie, daran änderten auch die Wechseljahre nichts. Beziehungen hat sie seit dem Erwachsenenalter immer wieder gehabt, mit manchen ihrer Partner war sie über Jahre hinweg zusammen. An die eine, große Liebe glaubt sie nicht. Natürlich gibt es Momente, in denen sie zweifelt und sich fragt, warum sie die meiste Zeit allein ist. Oder ob sie etwas verpasst, weil sie nicht schon jahrelang den Weg mit einem steten Partner geht, weil sie nicht verheiratet ist. Klar wäre es schön, mal wieder in einer Beziehung zu sein. In den Arm genommen zu werden, sich körperlich und emotional nah zu sein. Manchmal vermisst sie die Art der Zweisamkeit, die es so nur in romantischen Beziehungen gibt.

Aber wo trifft man überhaupt noch jemanden? Onlinedating hat sie aufgegeben. Tippt sie ihr echtes Alter ein, schmeißt der Algorithmus sie raus. Also macht sie sich jünger, um im ersten Satz wieder zu schreiben, dass sie doch älter ist. Außerdem: »In meinem Alter ist das Angebot auf Datingseiten oft wirklich erschreckend. Da stehen die Männer vor ihrem Auto oder Segelboot oder zeigen sich mit freiem Oberkörper, als wollten sie mir entgegenrufen: Geht doch noch! Nein danke! Das interessiert mich überhaupt nicht.«

Wenn Andrea die Erfahrung der Wechseljahre mit einem Wort beschreiben müsste, dann wäre das »Verunsicherung«. Sie spürt sie bis heute. Und zwar in allen Bereichen. Die Wechseljahre, so scheint es, lassen sie die eigene Zerbrechlichkeit deutlich spüren. In einer stabilen Partnerschaft, vermutet Andrea, könnten die Selbstzweifel vielleicht eher aufgefangen werden, sie aber ist meist allein.

»Ich brauch jetzt auch einfach mehr Zeit, und darauf muss sich ein Mann einlassen.« Emotional und körperlich: Denn die Wechseljahre machen alles trocken. Überall. Bei ihrem ersten Date nach dem Einsetzen der Wechseljahre hilft Andrea noch heimlich auf der Toilette mit Gleitgel nach. Zu sagen, warum sie nicht mehr so schnell feucht wird, ist ihr unangenehm. Heute ist sie selbstbewusster. »Ich bin jetzt eine ältere Frau. Ich kann nicht mehr von null auf hundert, und vielleicht geht heute auch gar nichts.«

Mit 45 hat sie zum ersten Mal wieder nach dem Beginn der Menopause eine längere Beziehung, die ein paar Jahre dauert. Es ist ein Partner, der sie begehrt, der sie attraktiv findet. Ohne sie mit einer jüngeren Version ihrer selbst zu vergleichen, wie Andrea es immer noch manchmal selbst tut. Und langsam kehrt auch ihr Selbstbewusstsein zurück, kommt sie mehr ins Reine mit sich, dem Älterwerden und dem Alleinsein. In letzter Zeit hatte sie ein paar Affären mit Männern in den Vierzigern, aber viel mehr als Körperlichkeit bleibt da nicht. Vielleicht ist der Altersunterschied dann doch zu groß. Männer in Andreas Alter haben damit meist kein Problem. Die fühlen sich oft aufgewertet durch eine jüngere Frau an ihrer Seite.

Je länger sie alleinstehend ist, sagt Andrea, desto weniger wichtig wird für sie die Suche nach einem langfristigen Partner. Einen Mann zum Glück brauchte sie ohnehin noch nie. Aber jetzt, mit bald 60 Jahren, macht sie sich mehr Gedanken, wie sie das eigene Alter verbringen möchte – und mit wem. Und stellt fest: Das muss nicht der Partner in einer romantischen Beziehung sein. Während also Romantik in der Liste der Prioritäten nach unten rutscht, werden Freundschaften immer wichtiger. Freundschaften bleiben, das merkt Andrea heute so stark wie nie. Viele Menschen in ihrem Umfeld leben in langen Beziehungen, manche sind Großeltern. Aber das traditionelle Familiengefüge hat auch für die ausgedient. Statt sich wie die Generation davor noch auf die Kernfamilie und den Partner zu fokussieren, sagen diese Freunde heute zu ihr: Nur zu zweit wollen wir nicht den Rest der Tage verbringen. Gerade war Andrea mit einer der Oma-Freundinnen zwei Monate in Mexiko. Was jetzt und in den kommenden Jahren auf sie wartet, weiß sie noch nicht. Vorstellen kann sich Andrea viel. Reisen, Sprachen lernen oder doch mit Freunden einen Weinberg kaufen? Vielleicht sogar eine Liebe finden, ganz zufällig, wer weiß!

QUEER IN DER PROVINZ

Maggy und Jonas

Bevor Maggy Jonas kennenlernt, haben fast alle ihre Partner diese typischen männlichen Eigenschaften: Sie sind Macker, breitbeinig und sehr gut darin, so zu tun, als würde ihnen die Welt ein bisschen mehr gehören als allen anderen. Dass sie das eigentlich stört, merkt Maggy gar nicht. Bis sie Jonas trifft.

Maggy und Jonas sehen sich zum ersten Mal auf einem Karnevalsumzug. In der Menge begegnen sich ihre Blicke und verhaken sich. Den ganzen Tag halten sie Blickkontakt. Am Abend schlängeln sie sich zueinander, tauschen ihre Nummern aus und verabreden sich für den Rosenmontagszug.

Maggy ist in Aachen zu Besuch, sie wohnt eigentlich in Brandenburg. Jonas kommt aus der Gegend. Er ist trans und kurz vor einer Testosterontherapie. Seine Stimme ist hell, als er sich Maggy vorstellt. Maggy mag seinen lässigen Humor - und wie er mit ihr spricht: einfühlsam irgendwie, nett und auf Augenhöhe.

Den nächsten Tag verbringen die beiden zusammen. Ihre Freunde, mit denen sie jeweils auf dem Umzug sind, lassen sie links liegen. Gemeinsam tanzen sie, trinken und singen. Und obwohl man sich bei Großveranstaltungen ja eigentlich immer verliert, passiert Maggy und Jonas das in dem Trubel nicht. Am Abend, als ihre Gesichter schon ganz rot vom Alkohol und sie unter ihren Jacken ordentlich verschwitzt sind, küssen sie sich. Noch in der Nacht kommt die erste Nachricht von Jonas an Maggy über WhatsApp.

Maggy antwortet sehr schnell. Dabei ist das eigentlich gar nicht erlaubt. Immerhin ist Maggy vergeben, hat einen Freund, Verpflichtungen, einen Job und eine Tochter in Brandenburg. Was also will sie mit jemandem, der sieben Jahre jünger ist, mitten in einer Geschlechtsangleichung steckt, etliche Autostunden entfernt bei seinen Eltern wohnt? Maggy weiß es nicht, aber sie weiß, dass sie Jonas wiedersehen muss.

Vier Jahre später öffnet Jonas eine Tür. Es ist die Tür eines kleinen Reihenhauses, das in Brandenburg steht und genauso aussieht wie die Reihenhäuser links und rechts daneben. Vor dem Haus parkt ein Van, ein Sechssitzer. Im Flur hängen Hochzeitsfotos. Von oben hört man ein Baby schreien. Eine Jugendliche, Maggys erste Tochter, kommt mit Tonpapier aus dem Keller. Sie hat morgen eine Präsentation und muss dafür noch ein Plakat basteln.

Wenn jemand den Ausdruck »Wo die Liebe hinfällt« benutzt, bedeutet das meistens, dass er erstaunt ist, in wen sich eine andere Person verliebt hat. Manche haben deshalb schon auf Liebe verzichtet. Aus Angst, sie könnte anderen nicht passen. Maggy und Jonas nicht.

Stattdessen haben sie sich ein Leben aufgebaut. Ein Leben in Oberkrämer, einem Ort in Brandenburg. Sie haben alles, was zu einer Bilderbuchfamilie gehört: ein Haus, zwei Kinder und ein Auto – doch trotzdem ist bei ihnen vieles anders als bei ihren Nachbarn hinter den gleich aussehenden Reihenhaustüren. Anders – und trotzdem irgendwie gleich.

Am Anfang sind Jonas und Maggy weit voneinander entfernt. Auf halber Strecke zwischen ihren Heimatorten liegt Bad Nenndorf. In Bad Nenndorf gibt es ein günstiges Hotel mit Kneipe daneben. Maggy ergoogelt das, nachdem ihr Jonas nach der Karnevalsfeier in Aachen nicht mehr aus dem Kopf geht. Ständig hat sie ihr Handy in der Hand und wartet auf eine Nachricht von ihm. Sie schreiben viel. Tauschen sich darüber aus, was sie vorhaben und erleben, schicken sich Fotos und facetimen manchmal. Maggy kannte das bis dahin nicht, dass sie sich mit jemandem, den sie so gerne küssen will, auch so gerne unterhält. Oft steht sie fast den kompletten Tag mit Jonas in einem inneren Dialog. Seine Rhetorik, die sie aus den Nachrichten und Anrufen kennt, weitet sie aus, lässt Jonas in ihren Gedanken alles kommentieren.

Von ihrem Freund hat sich Maggy zu dem Zeitpunkt schon getrennt. Sie kann ja nicht den einen küssen und dabei an den anderen denken. Außerdem lief es sowieso nie richtig gut.

Als Maggy Jonas fragt, ob er sich mit ihr da treffen will, in Bad Nenndorf, einem Kaff, in dem sie niemanden kennen, mit dem sie nichts verbinden, in dem sie einfach kurz probieren können, ob sie sich das alles einbilden oder ob da wirklich was zwischen ihnen ist, etwas Einzigartiges, das es sonst selten gibt, schlägt Maggys Herz ganz schnell.

Auf der Autofahrt zur ersten Verabredung ist ihr richtig schwindelig. Surreal fühlt sich plötzlich alles an: Wie sie zu einem ihr unbekannten Ort in der niedersächsischen Provinz fährt, um jemanden zu treffen, den sie davor einmal betrunken auf einem Karnevalsumzug gesehen hat. Das ist doch verrückt.

Am Anfang sind sie beide noch schüchtern und nervös. Jonas fragt sich, ob sie sich wohl das Hotelbett teilen werden. Sie haben nur ein Zimmer gebucht. Aber es kommt ihm merkwürdig vor, so eng neben einer quasi fremden Person zu schlafen. Und das auch noch in diesem Körper, der sich gerade nicht wie seiner anfühlt.

Aber als sie in der Kneipe sitzen, das erste Bier vor ihnen steht und die Anspannung langsam abfällt, ist plötzlich überhaupt nichts mehr komisch. Da ist alles wieder wie auf dem Umzug in Aachen ein paar Wochen zuvor. Über das geteilte Hotelbett denkt Jonas von da an gar nicht mehr nach. Denn natürlich will er im gleichen Bett schlafen wie Maggy.

Fortan treffen sich die beiden alle zwei Wochen in Bad Nenndorf. Sie machen Ausflüge in den nahe gelegenen Zoo nach Hannover, verbringen die Nächte in der Hotelkneipe und besprechen, was auf sie zukommt, wenn sie das gemeinsam durchziehen. Sie beide: ein trans Mann aus Aachen und eine Mutter aus Oberhavel mit einer gläubigen Familie und konservativen Freunden.

Einen Monat nach ihrem Kennenlernen bekommt Jonas seine erste Hormonspritze. Seine Stimme wird tiefer, und ihm wächst ein leichter Haarflaum am Kinn. Er dokumentiert die Veränderungen akribisch und schickt sie Maggy.

Maggy kennt die Sprüche ihrer Freunde. Sie kann sich vorstellen, wie sie sich in ihrem Stammlokal auslassen – über Jonas' Beinhaare, über seine tief sitzenden Hosen und über seine Stimme. Dabei ist ihr völlig egal, wie Jonas aussieht. Ob da Drüsengewebe über seinem Brustkorb ist oder nicht, ob seine Oberarme muskulös sind oder weich, in welcher Abteilung er seine Kleidung kauft. Hauptsache, sie ist bei ihm. Andererseits: Was ist, wenn die Mitschüler von Maggys Tochter sich über sie lustig machen? Ist es das dann wert?

Maggys Hadern tut Jonas manchmal weh. Aber das sagt er nicht. Stattdessen versucht er Maggy davon zu überzeugen, dass es für alles eine Lösung gibt, dass man mit Reden fast alles klären kann. Jonas ist sich zwar gar nicht komplett sicher, ob das stimmt, aber er ist sich sicher, dass er mit Maggy zusammen sein will. Und er ist davon überzeugt, dass er jetzt keine Schwäche, keine Unsicherheit zeigen kann, sondern dass er Maggy einen handfesten Plan für die Zukunft präsentieren muss.

Nach mehreren Monaten und mit dem gemeinsamen Eingeständnis, dass es sowieso kein Zurück gibt, weil Zurück für beide bedeuten würde, ohne einander zu sein, und das da schon undenkbar ist, erzählt Maggy ihren Freunden, ihren sechs Geschwistern und ihrer Mutter von Jonas.

Sie reagieren verständnisvoller als gedacht. »Ich will, dass du glücklich bist«, sagt ihre Mutter. »Das klingt toll«, meint ein Freund, und Maggys Tochter wundert sich bloß nach dem ersten Telefonat, wie hell Jonas' Stimme ist. Auch die ersten Treffen laufen reibungslos, und Jonas fühlt sich von Mal zu Mal wohler. Während er beim Antrittsbesuch bei Maggys Familie noch sehr steif und still am Tisch sitzt, ist er bei den darauffolgenden deutlich gesprächiger.

Dann wollen Jonas und Maggy zusammenziehen. Die Pendelei ist anstrengend, und da Jonas sowieso die meiste Zeit bei Maggy ist und die wegen ihrer Tochter nicht einfach den Ort wechseln kann, willigt Jonas ein, zu ihnen nach Oberkrämer zu ziehen: zu Maggy und ihrer Tochter ins Reihenhaus. Es folgt der Lockdown, und die neue Kleinfamilie wächst schnell zusammen.

Jonas beginnt, für eine Gartenbau-Firma zu arbeiten. Unter seinen Kollegen fällt er nicht weiter auf. Aber dann, einmal, als sie alle zusammen im Auto sitzen und einer eine Debatte darüber lostritt, wie bekloppt er das Gendern findet, bricht es aus Jonas heraus, und er erzählt, dass er nicht immer Jonas hieß. Da ist es kurz ganz still im Transporter. Danach geht alles weiter wie vorher. Jonas ist froh.

Auch ihrem Freundeskreis machen Jonas und Maggy klar, dass alles gefragt werden kann. Lieber Fragen als Tuscheln.

Dann macht Jonas den Antrag. Er lädt dafür Maggys Freunde und Familie ein, schmückt eine Wiese neben einem See. Als er vor Maggy kniet und sie fragt, ob sie ihn heiraten will, rollen Maggy Tränen über das Gesicht. Und das, obwohl sie eigentlich nie vorhatte, sich so fest an jemanden zu binden.

Die Hochzeit soll ein rauschendes Fest mit vielen Gästen werden. Nur der Kontakt zu Maggys Mutter wird immer schwieriger. Sie hat einen neuen Partner. Er ist noch religiöser als sie. Abends in der Küche diskutieren sie und Maggy mit gedämpfter Stimme. Die Mutter ist der Meinung, dass Gott sich das schon gut überlegt hat mit den zwei Geschlechtern, mit Mann und Frau, und dass es den Menschen nicht zusteht, an diesem Plan, diesem großen Werk herumzupfuschen. Maggy ist verzweifelt. Warum sollte irgendein Herr da oben bestimmen, wen sie liebt? Und wer mit welchem Geschlecht zufrieden sein soll?

Die Mutter erscheint zur Hochzeit, aber danach bricht sie den Kontakt ab. Maggy findet das schade, aber wenn sie sich zwischen Gott und Jonas entscheiden soll, dann nimmt sie Jonas. Dann nimmt sie natürlich den, den sie anfassen und küssen und in den Arm nehmen kann. Dann nimmt sie die echte Liebe, die sie jeden Tag spürt, statt der hypothetischen.

Kurz nach der Hochzeit entscheiden Maggy und Jonas, dass sie ein Kind wollen. Der Gedanke kommt beiden ziemlich plötzlich, doch nachdem sie ihn ausgesprochen haben, wollen sie, dass es schnell geht. Sie klicken sich durch Samenspenderkarteien im Internet und finden einen Mann, mit dem sie einen Vertrag schließen. Sie treffen sich in einem Hotel mit ihm. Der Mann überreicht Maggy und Jonas das Sperma in einem Becher, danach verlässt er den Raum. Maggy führt es sich ein. Kurz darauf ist sie schwanger.

Jetzt haben Maggy und Jonas also zwei Kinder: Maggys Tochter aus ihrer ersten Beziehung und das Baby. Jonas sieht, während er in ihrem gemeinsamen Wohnzimmer im Reihenhaus auf dem Sofa sitzt, müde aus, aber auch glücklich. Maggy hat ja Erfahrung, sie hat schon mal dabei zugesehen, wie ein kleiner Mensch immer größer wird. Jonas nicht. Deshalb will er alles von Maggy lernen: wie man ein Kind wickelt, ihm den Po einschmiert und es badet.

Als Maggy mit dem Baby auf dem Arm ins Wohnzimmer kommt, sagt sie, dass das für sie auch alles völlig neu ist, dass ein Partner so viel mithilft, sie so sehr unterstützt – und dann auch noch mitdenkt. Maggy schmunzelt. Sie weiß schon, warum sie unbedingt mit Jonas eine Familie gründen wollte.

BELOGEN WERDEN

Hannes

Wem wurde das Herz noch nie gebrochen? Der werfe die erste Träne! Aber wie viel Kummer steckt erst in einer Liebe, die sich später als das herausstellt, was sie womöglich vom ersten Augenblick an war: eine riesengroße Lüge? Vertrauen in einen anderen Menschen zu fassen, ihm Zuneigung auch durch Freiheit zu schenken, ist nach einer solchen Erfahrung nicht einfach. Wenn es überhaupt noch möglich ist.

Liebe fühlt sich meist zauberhaft an. Ihr Scheitern dafür umso brutaler. Manch vergangene Beziehung prägt einen über Jahre, gar Jahrzehnte weiter. Erst recht, wenn aus ihr Kinder erwachsen sind. Ganz besonders, wenn es sich dabei um Kinder handelt, von denen die Mutter wusste, der Vater aber nichts erfahren sollte. Hannes ist dieser leibliche Vater, dessen Gefühle und dessen Körper ausgenutzt worden sind, um einem anderen Paar einen Lebenstraum zu erfüllen: eine angeblich heile Familie zu sein.

Wie sie sich immer zulächeln in der Mensa. Steckt da nicht mehr drin, als beim Mittagessen darauf zu hoffen, sich bald wieder zu begegnen und nicht bloß zufällig? Dann, nach sechs Monaten, endlich das erste Date, danach noch eins, zwei, immer weiter. Und: »Es war immer super.« Aber im Nachhinein, mehr als zehn Jahre später, war es wohl vor allem: immer super gespielt. »Ich bin ein gutgläubiger Mensch«, sagt Hannes und blickt in den Regen, der heute den ganzen Tag auf Berlin herabprasselt. Passend zu einer Geschichte, die nicht einfach vom Himmel fällt.

Die Illusion endet am Haus ihrer Eltern, irgendwo im süddeutschen Hinterland. Er kennt die Adresse, sie hatte ihm einmal ein Paket von dort geschickt; bei ihren Videochats sah er die schöne Kulisse im Hintergrund. Und jetzt, wo sie hier in die Gegend gezogen ist, um einen Neuanfang zu versuchen, und einen schlimmen Unfall gehabt hat, von dem sie sich im Haus ihrer Eltern erholen muss, hält er die Distanz nicht mehr aus. Diese nahe Ferne, die sie beständig zu ihm hält und die zum unheimlichen Begleiter ihrer Beziehung geworden ist. Hannes fasst sich ein Herz: Ich überrasch sie jetzt einfach.

Ich bin Hannes, sagt er, endlich angekommen, zu ihrem Vater, schön, dass wir uns mal kennenlernen. – Sie ist nicht hier, sagt der Vater. – Wissen Sie, wer ich bin? – Nein, wer denn? – Ich will sie besuchen nach dem Radunfall. – Was denn für'n Radunfall? – Aber sie ist doch hier in die Stadt gezogen, oder? – Nee. Sie lebt in Berlin bei ihrem Mann. Sie haben gerade ihr zweites Kind bekommen.

Bei ihrem Mann? Hannes haut ab, fährt auf irgendein Feld. Stopp. Er blickt in die weite Ferne und auf sein Leben: Waren die letzten drei Jahre eine einzige Lüge? Plötzlich der Gedanke: Das sind doch meine Kinder, oder?

Eine gekaperte Liebe – gibt es so etwas überhaupt? Hannes kennt inzwischen einige Geschichten, die seiner ähneln. Bei einem von zwei langen Gesprächen erzählt er, dass er inzwischen guten Kontakt zu Väterzentren hält, zu Familienanwälten und Verfahrensbeiständen. Er kennt alle möglichen Leute, die dafür zuständig sind, festzustellen, wer denn nun wie in wen verliebt war, wer schlussendlich die Eltern der neugeborenen Kinder sein sollen und welche Rechte und Pflichten für alle Beteiligten daraus erwachsen. »Es gibt da viele Lücken«, hat Hannes gelernt. In einer dieser Lücken hat sich jahrelang sein Leben abgespielt.

Die ersten drei Jahre: Sie übernachtet meistens bei ihm. Sie ist beziehungsscheu nach einer zerbrochenen Ehe. Je enger es zwischen uns wird, desto mehr Angst macht mir das – so sagt sie. Vielleicht war unser letztes Date ein bisschen zu intensiv, also gebe ich ihr Raum – so denkt er. Dann ist er auch mal in ihrer Wohnung, die unweit von seiner liegt. An der Tür ein Klingelschild mit zwei Namen. Ich bin doch noch verheiratet, aber wir leben in Trennung – so sagt sie nun. Und: Mein Mann lebt in einer anderen Stadt, ab und zu übernachtet er noch hier, wenn er in Berlin ist. Hannes nimmt es hin. Was hätte er auch machen sollen?

Klar, es gibt seltsame Momente: Als sie tagelang nicht ans Telefon geht, weil sie schwer erkrankt ist. Hinterher ruft sie zurück und meint: alles halb so wild. Als sie seinen Freunden zum Geburtstag Geschenke macht und alle sagen: Ihr seid so harmonisch – aber sie ihn nie mit zu ihren Freundinnen nimmt. Einmal ist sie bei einer Familienfeier dabei. »Hinterher hat mich meine Mutter gefragt, warum sie kaum etwas erzählt von sich«, erinnert sich Hannes. Erst viel später wird ihm gewahr: »Ich hatte es mit einer Frau zu tun, die sich gut verstellen kann.« Die das Entscheidende im Ungefähren lässt.

Wie viel Klarheit braucht eine Liebe, wie eindeutig muss sie sein? Ist es nicht manchmal schön, wenn Vertrauen die Gewissheit sticht? Die Gefühle, die man füreinander spürt, sind ja echt – muss man dafür wirklich alles vom anderen wissen? Eigentlich nicht. Wenn man aber das Entscheidende nicht weiß, fühlt sich die Liebe hinterher nicht nur uneindeutig an, sondern unecht.

Macht Liebe blind? Zumindest macht sie unvorsichtig. Man will manch Unglaubliches gern glauben, manch augenscheinliche Dinge lieber nicht erkennen, man vertraut uneingeschränkt. Menschen muten sich selbst eine Menge zu, wenn sie verliebt sind.

Schon klar, diese verdammte Beziehungsangst lähmt sie – so denkt er damals. Aber hat sie ihm nicht gerade erst wieder ein Geschenk ans Fahrrad gehängt, einen Kuchen vor die Tür gestellt? Oder die Zeit, in der sie sechs Wochen allein auf einem anderen Kontinent ist, damit sie endlich innerlich von ihrem Mann loskommt: Tag für Tag lässt sie ihn teilhaben mit Nachrichten und Fotos, auf denen sie ihm zulächelt wie damals in der Mensa. Chatten ist noch relativ neu und aufregend, es ist, als wäre er live dabei. »Ich hab nie hinterfragt, ob sie da alleine war« – so sagt er heute. Als sie zurückkommt, hören sie auf zu verhüten.

Nach ein paar Monaten muss sie wieder weg. Eine Weiterbildung im Job, dann eine Therapie, sie nehme auch Psychopharmaka, sagt sie. Sie taucht einen Monat ab, zwei Monate, fünf. Hannes lässt sie machen und freut sich auf die nächste Facetime-Zeit. Sie schreibt ihm vom Job, der Therapie, ihrem neuen Fahrrad, in Hannes' Welt sind sie weiter zusammen. Er wohnt nur einen Kilometer entfernt, schaut aber nie nach ihr. Was wäre eine Liebe wert ohne Vertrauen? Irgendwann steht sie mit ihrem neuen Fahrrad auf seinem Arbeitsweg an der Brücke und wartet, dass er bei ihr anhält. Das Vertrauen wird belohnt. Es dauert nicht lange, da übernachtet sie wieder bei ihm.

Okay, dieser Junge ist schon süß. Eigentlich kann Hannes nicht viel mit Kindern anfangen. Aber das Baby, das sie als Kind ihrer Freundin vorstellt, auf das sie von nun an regelmäßig aufpasse – da kommen Gefühle in ihm auf, die er gar nicht kennt von sich. Sie hat keinen Job mehr, ist nun Babysitterin, sagt sie. Der Junge ist vielleicht zehn, elf Wochen alt und herrlich unkompliziert. Im Park sagen die Leute: So niedlich, euer Kind! Er findet das witzig. So wäre das also. Hannes stockt kurz in seiner Erzählung: »Ich habe nicht den richtigen Schluss gezogen. Weil sie ja auch bei mir übernachtet hat ohne das Baby. Das macht doch keine Mutter.«

Es geht nicht mehr viel Zeit ins Land, da zieht sie angeblich in die süddeutsche Stadt. Ein weiterer Neuanfang für sie, ein kleines Ende für ihn. Ob das jemals was Richtiges wird?, fragt er sich. Es wird ein Mädchen.

Wenn Hannes mit Abstand auf das zurückschaut, was ihm passiert ist, atmet er laut und kräftig durch. Er sagt dann mit Blick auf die Frau, die er einmal voller Vertrauen geliebt hat: »Offenbar kommt man so durchs Leben. Ob man damit glücklich wird, weiß ich nicht.« Er zumindest hatte kein Glück.

Die nächsten drei Jahre: Nach der Szene vor ihrem Elternhaus macht er Druck, sie solle jetzt alles erklären. Ja, der Junge sei adoptiert. Nein, sie sei doch nicht getrennt und noch verheiratet, sei irgendwie in ihr altes Leben zurückgerutscht. Und nun ja, die neugeborene Tochter, also, vom Ehemann sei die nicht. Die Mutter wohnt zunächst mit der Tochter bei einer Freundin, Hannes besucht dort sein Kind. Der Junge ist beim Ehemann.

Der Ehemann - was genau wusste er eigentlich? Er müsste jetzt einem Vaterschaftstest zustimmen, tut es aber nicht. Hannes kontaktiert ihn, wochenlang. Irgendwann eine Antwort: Ich bitte dich, Abstand von unserer Familie zu halten.

Die Männer treffen sich dann doch in einer Bar. Es wirkt wie das Zugeständnis, dass von zwei Vätern nur einer der echte sein kann. Hannes könne die Kinder zwei Stunden im Monat sehen, mehr nicht, sagt der Mann, der für die Kinder der Vater ist. Ab und zu sehen sich beide Männer bei der Übergabe der Kleinen auf dem Spielplatz. Sie kommt manchmal heimlich mit den Kindern zu ihm, damit Hannes sie öfter sieht als zwei Stunden im Monat. Alles ist furchtbar vertrackt. Der Ehemann ist öfter geschäftlich unterwegs.

Heute haben die Männer gar keinen Kontakt mehr. Im Abholheft der Schulkinder ist der Name von Hannes mit Tipp-Ex übermalt. Die Erzieherin sagt, sie sei das nicht gewesen.

Das erste Verfahren. Nach einem Jahr des Hin und Her geht Hannes doch vor Gericht, will seine Kinder wöchentlich sehen. Die Rechtsbeistände müssen aus Sicht der

Kinder argumentieren: Das eine Zuhause kennen sie, das andere nicht. Es gibt eine Vereinbarung: Die Eheleute müssen sich einer Therapie unterziehen. Währenddessen soll sich der leibliche Vater raushalten. Zwölf Monate sieht Hannes seine Kinder nicht, kriegt ab und zu Fotos geschickt, auf denen ihnen Mützen tief ins Gesicht gezogen sind. Danach soll der Umgang angebahnt werden. Doch die Vereinbarung ist nicht rechtskräftig.

Das zweite Verfahren. Als Ehemann ist man der rechtliche Vater der Kinder. Leben die Eheleute noch zusammen, kann der biologische Vater dies nicht anfechten. Nur der rechtliche Vater kann das tun, wenn er Zweifel an seiner eigenen Vaterschaft hat. Er hat dazu ein Jahr lang Zeit. In diesem Fall verschwindet dann sein Name aus der Geburtsurkunde; der biologische wird der rechtliche Vater und damit unterhaltspflichtig. Rechtlich gesehen führt der Ehemann das Verfahren gegen seine Ehefrau – es kommt selten vor, dass dabei beide noch zusammenwohnen.

Während die Auseinandersetzung noch läuft, trudeln bei Hannes bereits die ersten Unterhaltsforderungen ein, unterzeichnet von einer teuren Anwältin. Er akzeptiert, ist nun zumindest rechtlich als leiblicher Vater anerkannt. Auf den Geburtsurkunden stehen jetzt drei Namen: seiner, ihrer und der Nachname des Ehemanns. Die Kinder tragen ihn bis heute.

Das dritte Verfahren. Wie oft darf ein zweiter Vater, der eigentlich der erste ist, seine Kinder sehen, wenn die beim ersten wohnen, der eigentlich der zweite ist? Das Jugendamt schickt eine Familientherapeutin, die Rechtsbeistände der Kinder machen sich für eine Umgangsanbahnung stark. Anwälte sind monatelang beschäftigt. Am Ende steht die Regelung: Kennenlernen erst ohne, dann mit Übernachtung, später jedes zweite Wochenende bei Papa Hannes, wie die Kinder bald sagen (der Ehemann heißt bei ihnen Papa), dazu ein paar Feiertage, mehrere Wochen Urlaub. Die Kinder haben nun ein Kinderzimmer mehr.

Das vierte Verfahren. Scheinvaterregressprozess, das gibt es auch noch. Hannes wird verklagt vom Ehemann. Auf die Kosten des Verfahrens um die Vaterschaft. Auf die Kosten des Vaterschaftstests, der dann doch noch gemacht wurde. Auf die Kosten der teuren Anwältin. Auf Unterhalt, rückwirkend. »30 000 Euro musste ich abstottern«, sagt Hannes beim Gespräch und wischt sich ein bisschen Regen von der Hand. »Das ist schon ziemlich pervers.« Die Mutter, auf deren Lügen alles aufbaute, ist nicht haftbar zu machen.

Hinter jedem Brief in dieser Auseinandersetzung, hinter jeder Entscheidung und Nicht-Entscheidung stecken Emotionen, Ängste, Traurigkeiten vieler Beteiligter. Die Gefühle zweier Kinder, die dem ungewollt ausgesetzt sind. Und unzählige emotionslose Paragrafen des deutschen Familienrechts, in denen ein völlig veraltetes Rollenbild verankert ist. Es lautet: Mutter gleich Hausfrau, da ist sowieso nicht viel zu holen. In Hannes' Fall allerdings ist die Familie des Ehemanns, in der die Mutter der beiden Kinder weiterhin lebt, offensichtlich wohlhabend, besitzt Immobilien über die eigene Wohnung hinaus. Hannes zahlt trotzdem Unterhalt, knapp 800 Euro monatlich. Die Schule der Kinder darf ihm ungeachtet dessen keine Auskünfte geben. Denn der Ehemann ist zwar nicht der leibliche und auch nicht mehr der rechtliche, aber noch immer der sorgeberechtigte Vater. In seinem Umfeld tritt er so auf, als wäre er noch alles in einem.

Hannes unterbricht die aufwühlende Erzählung und lächelt jetzt. »Ich sehe die Kinder, und wir haben eine schöne Zeit, das ist das Wichtigste.« Diese Perspektive entspannt ihn. Inzwischen gibt es noch ein drittes Kind, das er mit seiner neuen Freundin bekommen hat. Seine anderen beiden Kinder sagen Bruder zu dem Kleinen, wenn sie ihn sehen. Wenn sie bei ihrer Mutter sind, sollen sie ihn allerdings Halbbruder nennen. Die Kinder müssen austarieren, was die Eltern nicht geregelt bekommen haben. Einmal fragt seine Tochter während der Schwangerschaft: Ihr habt dann drei Kinder, oder? Spricht daraus womöglich die Befürchtung, selbst nicht voll und ganz dazuzugehören?

Das fünfte Verfahren. Hannes könnte jetzt noch um das Sorgerecht kämpfen, um einen wochenweise wechselnden Umgang – dann wäre er gleichgestellt. Würde nicht über Umwege erfahren, wann die Einschulung seiner Tochter stattfindet oder wann sein Sohn auf Klassenfahrt geht. Könnte mit Ärzten reden. Aber will er diesen letzten Prozess noch anstrengen, der auch seine Kinder belastet? Hannes ist vorsichtiger geworden. Er ist nicht mehr nur tolerant gegenüber Ängsten, die andere haben oder behaupten zu haben. Er hat selbst welche.

Wenn er mit seiner neuen Freundin und seinen Kindern abends auf dem Bett sitzt, zeigt Hannes ihnen manchmal einen Stammbaum. Er sagt ihnen: Ich bin der Papa, der euch gemacht hat. Der andere Papa ist der Papa, der mit eurer Mama verheiratet ist. Er sagt ihnen auch: Ich wusste nicht, dass Mama verheiratet war. Ich wusste nicht, dass es euch gab. Die Kinder erzählen, was ihnen zu Hause bei Mama gesagt würde: Der Weihnachtsmann findet euch nicht, wenn ihr bei den anderen seid.

Wenn Wunden verheilen, bleiben Narben. Sie gehören zur eigenen Haut. So wie die eigenen Kinder, selbst wenn man sie nur durch einen Zufall entdeckt und spät kennengelernt hat, immer zum eigenen Leben gehören werden. Das Erbe einer vergangenen Beziehung kann man nicht ausschlagen. Je ehrlicher man sich den Verletzungen stellt, desto weniger schmerzt die Vernarbung.

Natürlich ärgert sich Hannes, dass seine Ex-Freundin und ihr Ehemann mit allem so durchgekommen sind, dass sie sich bei ihm die Kinder für ihr vorgebliches Bilderbuchglück geholt haben – mit seiner von ihnen einkalkulierten Liebe. Natürlich freut er sich, die beiden Kleinen zu haben und jetzt noch ein drittes Kind. Natürlich ist er nicht mehr derselbe wie damals in der Mensa.

Einmal hat er seinen Sohn von der Schule abgeholt. Es stand wieder ein gemeinsames Wochenende für ihn und seine Familie an. Die Erzieherin wollte den Jungen erst nicht rausgeben: Wer sind Sie denn? – Ich bin der Vater. – Stimmt, sieht man ja.

DER LANGE WEG ZUR TRENNUNG

Rana

Es sind sechs Worte, die Ranas Leben verändern: »Ich will mich von dir trennen.« Etliche Male stellt sie sich vor, sie zu sagen. Etliche Male kommt es ihr unmöglich vor. Dann, an einem Nachmittag im Sommer, als alles schon organisiert ist – die eigene Wohnung, der Schulplatz für ihre Tochter, das Studium – geht sie in die Küche, in der Sam sich gerade einen Tee einschenkt, und spricht sie aus.

Sam weint, schimpft, zetert, bittet sie, das nicht zu tun, nicht zu gehen. Er versucht zu lachen und alles ins Lächerliche zu ziehen. Als eine geistige Umnachtung von Rana hinzustellen, eine Phase, einen Anfall, der sich bestimmt bald wieder legt. Aber sie bleibt standhaft.

Rana und Sam, die eigentlich anders heißen, lernen sich kennen, als sie 19 Jahre alt ist und er 24. Sie heiraten, bekommen Kinder, wohnen zusammen. Beide sind sehr religiös. Rana trägt ein Kopftuch. Eine Scheidung und ein Leben als Single-Mutter zu führen, kann sie sich lange nicht vorstellen. Doch das ändert sich, als Rana kurz vor dem Studium steht. Da sind sie schon acht Jahre zusammen. Plötzlich kommt es ihr wie eine aufregende Verheißung vor, den Tag allein zu verbringen. Ohne einen

Mann an ihrer Seite, der sie einschränkt, runterzieht und nervt.

Sam wächst im Libanon auf. Er und Rana begegnen sich, als er den Sommer in Deutschland bei Verwandten verbringt, bei denen Rana babysittet. Rana ist in Deutschland geboren, ihre Eltern lassen sich früh scheiden. Mit ihrer Mutter und deren neuem Partner zieht sie für ein paar Jahre nach Ägypten. Als sie zurückkommen, fühlt Rana sich allein. In der Schule hat sie den Anschluss verloren und zu Hause irgendwie auch. Der neue Mann ihrer Mutter kontrolliert alles, was sie tut. Wenn er Ranas Lieblingsmarmelade kauft, markiert er mit einem Edding, wie viel sie davon gegessen hat. Rana will ausziehen. Aber ihre Mutter erlaubt es nicht. In ihrer Vorstellung ist eine eigene Wohnung für Frauen nicht vorgesehen.

Wenn man jung ist und zum ersten Mal eine Beziehung führt, ist man irrational. In den ersten gemeinsamen Nächten liegt man kichernd im Bett, malt sich die Zukunft aus, überlegt Namen für Kinder und wie sie wohl aussehen werden. Meistens kommen die Zukunft und die Kinder dann nicht zustande. Meistens kommt alles ganz anders – und oft ist das sogar ganz gut.

Aber damit es anders kommen kann, braucht man die Wahl. Man muss in einem Umfeld aufwachsen, in dem Ausprobieren toleriert wird. In dem man sich erst in die eine Person und dann in die andere verlieben kann und in dem man nicht den ersten Menschen, mit dem man im Bett liegt, heiraten muss. Womöglich sogar deshalb. Sam und Rana kommen nicht aus so einem Umfeld. Bei ihnen geht es gleich ums Ganze.

Rana verliebt sich sofort in Sam. Sie mag seine Lässigkeit, sein Lächeln und die Weise, wie er sich um sie bemüht. Als Sam ihr einen Antrag macht, wütet Ranas Mutter: »Der will dich nur wegen deiner Papiere heiraten«, sagt sie. Rana will davon nichts wissen. Sie bricht den Kontakt zu ihrer Mutter ab und ist nur noch für Sams Familie erreichbar, die sie herzlich aufnimmt. Sie zieht mit ihm in eine Unterkunft für Asylbewerber, dann in eine Wohnung von Freunden.

Ein bisschen ist schon von Anfang an klar, dass Ranas und Sams Beziehung auf einem wackeligen Fundament steht. Dass es eigentlich nichts Grundlegendes gibt, das sie miteinander verbindet, sondern bloß oberflächliche Witzeleien. Aber wie gefestigt sind innere Werte schon, wenn man nicht mal 20 Jahre alt ist?

Kurz vor dem Abitur bricht Rana die Schule ab und arbeitet Vollzeit an einer Tankstelle. Sie verdient 1200 Euro netto und teilt das ganze Geld mit Sam, der nicht arbeitet, sondern die Tage in ihrer Wohnung verbringt und sich abends mit Freunden trifft. Rana stört das nicht. Sie fühlt sich frei und unabhängig. 1200 Euro, denkt sie damals, von denen kann man sich fast die ganze Welt kaufen.

Irgendwann kippt Ranas gutes Gefühl doch. Es stört sie, dass Sam viel unterwegs ist, dauernd kifft und sich wenig für sie interessiert. Sie vermisst ihre Mutter und auch ein bisschen ihre Freundinnen, von denen sie ebenfalls nichts mehr gehört hat, seitdem sie mit Sam zusammen ist. Vielleicht, weil sie ihre Kommentare nicht ertrug.

Kommentare, die Rana sagten, dass sie auf einem verdammt falschen Weg ist.

Dann ist Rana schwanger. Als der Arzt ihr das sagt, während sie auf dem Behandlungsstuhl sitzt, rollt ihr eine Träne die Wange herunter. Sie denkt an Sam und daran, dass die Sache zwischen ihnen nun endgültig besiegelt ist. Dass sie für immer zusammen sein werden und das Kind sie auf ewig verbindet. Zu Hause angekommen, erzählt sie Sam nichts von der Schwangerschaft. Als sie es eine Woche später doch tut, hat sie sich längst entschieden und sogar angefangen, sich ein bisschen zu freuen. Sie wird das Kind bekommen.

Rana liebt das Muttersein. Sam ist ihr egal. Er ist bloß ein Nebendarsteller in ihrer neuen kleinen Familie, die hauptsächlich aus ihrer Tochter und ihr besteht. Wenn sie morgens zu zweit am Küchentisch sitzen und Rana Gurken auf einem Plastikteller in mundgerechte Stücke schneidet, dann schläft Sam noch. Wenn sie mittags die Tochter im Buggy durch den Park schiebt und sie gemeinsam Enten füttern, dann steht Sam gerade auf, und wenn sie abends nach Hause kommen, am Abendbrottisch sitzen und zum Einschlafen eine Geschichte lesen, dann hat er die Wohnung kurz vorher verlassen, um sich mit Freunden zu treffen.

Zwei Jahre später ist Rana das nächste Mal schwanger. Als auch ihr zweiter Sohn so alt ist, dass er in den Kindergarten gehen kann, plumpst Rana eines Vormittags aufs Sofa und überlegt, was sie jetzt eigentlich mit ihrem Leben anfangen soll. Während ihre Altersgenossen das Erwachsenwerden langsam angegangen sind, ihren Alltag damit gestaltet haben, zu studieren, auf Partys zu gehen und europäische Hauptstädte mit dem Rucksack zu erkunden, hat sie das alles komplett übersprungen. Rana fühlt sich jung und alt zugleich. Sie ist gerade mal Mitte 20, aber ihre Kinder sind quasi schon aus dem Haus. Ihr fehlen Hobbys, Freunde und ein Job.

Rana meldet sich in Foren im Internet an. Sie lernt Frauen kennen, die ebenfalls junge Mütter sind, tauscht sich mit ihnen über gesunde Ernährung, Sportarten und ihre Beziehungen aus. Parallel fängt sie an, bei einem Bäcker zu arbeiten. Jeden Morgen ab sechs. Fortan muss Sam die Kinder in den Kindergarten bringen. Er tut es zwar, allerdings mit sehr viel Genörgel.

Rana nervt das. Ohnehin nervt es sie, wie er rumhängt, wie er sich so wenig mit der Welt im Allgemeinen und Verpflichtungen im Speziellen auskennt und trotzdem meint, alles besser zu wissen. Rana kann Sam immer schlechter ertragen. Immer wieder blafft sie ihn an, wenn er etwas sagt. Sie ist überheblich und spricht mit ihm, als wäre er ihr drittes Kind.

Zeitgleich kommt Rana das Geld, das sie beim Bäcker verdient, zu wenig vor für das, was sie leistet. Sie bittet um mehr. Als ihr Chef das ablehnt, kündigt sie.

Rana meldet sich bei einer Abendschule an. Sam schimpft. Er versteht nicht, warum sie mit ihren 24 Jahren plötzlich wieder zur Schule gehen muss. Rana ist das egal. Sie paukt stoisch für lineare Algebra und Stochastik, Molekularbiologie und Genetik. In der Abendschule lernt sie andere in ihrem Alter kennen. Andere, die große Pläne haben für die Zeit nach dem Abitur. Die meisten wollen studieren. Rana findet das inspirierend. In den Pausen sitzt sie mit ihren Mitschülern vor dem Bäcker und hört sich an, auf welche Partys sie gehen, wen sie daten und welche Tätowierungen sie planen. Nach dem Unterricht bleibt sie oft länger, um noch mit ihnen im Park zu sitzen. Sie zeigen sich gegenseitig Videos, lachen, machen Witze – und Rana fühlt sich plötzlich doch jung.

Bei ihrer Abiverleihung, zu der Sam nicht kommt, ist Ranas Entschluss gefallen. Sie will das auch: studieren. Sie schreibt sich an der Uni für Wirtschaftsinformatik und Medien ein, bekommt den Platz. Von da an hat Rana immer häufiger den Gedanken, dass sie das Studium beginnen will ohne einen jammernden Sam zu Hause, der ihr jeden Tag entgegenschleudert, wie bekloppt ihr Vorhaben ist.

In ihrer gemeinsamen Wohnung haben die beiden kaum noch etwas miteinander zu tun. Rana spielt häufig vor, dass sie im Wohnzimmer, auf dem Sofa oder im Kinderzimmer im Bett ihres Sohnes einschläft. Rana mag es nicht mehr, in dem abgedunkelten Schlafzimmer neben Sam zu liegen. Neben seinem Körper, der sich beim Schlafen gleichmäßig hebt und senkt. Einem Körper, der sie ständig daran erinnert, dass sie sich ihm eigentlich nah fühlen müsste, aber es nicht tut.

An einem Tag im Sommer erkundigt sich Rana nach Wohnungen für Mütter und ihre Kinder im Studierendenwohnheim. Sie hat Glück. Im November wird eine frei.

Rana weiß, dass sie das machen, dass sie da einziehen

will. Dass sie weg will von Sam. Als sie es ihm endlich sagt, als sie die vier Worte ausspricht, die sie davor schon so oft geübt hat – und Sam sie nicht gehen lassen will, verspricht sie ihm, dass er sie und die Kinder jederzeit besuchen kann. Dass sie nicht komplett aus seinem Leben verschwinden werden, sondern bloß aus der gemeinsamen Wohnung.

Es dauert nicht lange, da steht Sam jeden Tag vor ihrer neuen Wohnung im Studierendenwohnheim. Plötzlich will er die Kinder ins Bett bringen, mit ihnen zusammen Abendbrot essen und danach mit Rana Fernsehen gucken. Rana stört das. Trotzdem bringt sie es nicht übers Herz, Sam rauszuschmeißen. Einerseits, weil er ihr in seiner Hilflosigkeit leidtut, andererseits, weil sie ihren Kindern den lauten Streit ersparen will, der auf so eine Aufforderung folgen würde.

Wochen später bricht Sam in Ranas Wohnung zusammen. Er hat schlimme Schmerzen. Im Krankenhaus müssen ihm Gallensteine entfernt werden. Rana besucht ihn jeden Tag. Sitzt an seinem Bett, lüftet für ihn und erzählt vom Alltag. Als Sam entlassen wird, nimmt sie ihn auf. Sie weiß, dass er sonst allein wäre. In ihrer Wohnung pflegt sie ihn, bringt ihm Essen ans Bett, wechselt die Laken. Als er wieder fit ist, aber keine Anstalten macht zu gehen, wird Rana wütend. Sie stellt seine Tasche ins Treppenhaus und schließt die Tür hinter ihm.

Ungefähr zur gleichen Zeit lernt Rana jemanden kennen. Einen Kommilitonen. Mo ist jünger, weltoffen und gesprächig. Erst sind sie nur Freunde, irgendwann wird mehr daraus. Rana ist so verliebt, wie sie es davor nie war. Sie kann gar nicht fassen, wie schön es ist, mit jemandem zusammen zu sein, mit dem man abends vorm Einschlafen quatscht, den man anruft, wenn einem etwas Lustiges passiert ist und der einen manchmal - einfach aus dem Nichts - in den Arm nimmt.

Es dauert nicht lange, da bekommt Sam mit, dass Rana einen neuen Freund hat. Die Kinder erzählen es ihm. Sam hetzt sie gegen Mo auf. Obwohl sie ihn eigentlich mochten und es liebten, mit ihm auf dem Spielplatz zu toben, geben sie fortan dauernd Widerworte, wenn Mo etwas sagt. Sie werfen ihm gemeine Dinge an den Kopf, erklären ihm, dass er nicht zur Familie gehöre und dass er ihre Mutter geklaut habe, die ihn überhaupt nicht möge.

Parallel dazu tyrannisiert Sam erst Mo und dann dessen Familie. Rana ruft die Polizei. Mo ist verunsichert. Kurz nach ihrem einjährigen Jubiläum sagt er ihr, dass er das alles nicht kann. Dass ihm das zu krass ist mit Sam. Dass er sich da verschätzt habe. Dass er nicht dachte, dass ihre frühere Beziehung so nachhallen würde. Jedenfalls nicht in dem Ausmaß. Dass er zu jung ist für so viel Verantwortung.

Vor Rana tut sich ein Abgrund auf. Sie liegt im Bett, wochenlang. Wenn ihre Tochter ins Zimmer kommt, wischt sie sich schnell die Tränen aus dem Gesicht. Tut so, als wäre alles okay. Ansonsten funktioniert sie nur noch.

Acht Monate geht das so. Wenn Rana nachts wach liegt und die Lichtstreifen beobachtet, die von den vorbeifahrenden Autos durch ihr Zimmer ziehen, dann schreibt sie

Mo. Sie schreibt ihm, dass sie ihn vermisst und dass ihr Herz manchmal so verdammt doll wehtut, dass sie sich mitten am Tag in der Toilette einschließt, sich auf den Klodeckel setzt und tief einatmet, damit der Schmerz weggeht. Sie schreibt ihm, dass sie dabei denkt, nie wieder aufstehen zu können. Und sie schreibt ihm, dass sie es dann meistens doch tut. Irgendwie.

Rana rechnet nicht damit, dass Mo antwortet. Sie weiß, dass er ihren Kontakt in seinem Telefon gelöscht und blockiert hat, um standhaft zu bleiben. Das hatte er angekündigt.

An einem Tag im Winter bekommt sie plötzlich doch eine Antwort. Mo schreibt, dass er sie auch vermisst. Aber dass er trotzdem nicht mit ihr zusammen sein kein. Sie antwortet – und es entwickelt sich ein kleines Gespräch. Am Ende verabreden sie ein Treffen. Danach sehen sie sich wieder öfter.

Mo kommt immer dann, wenn die Kinder bei Sam sind. Sie treffen sich heimlich. Mo sagt, dass er so nicht mit Rana zusammen sein möchte. Dass sie lediglich eine Freundschaft plus führen können. Mehr nicht. Rana sagt, dass sie trotzdem hofft, dass daraus noch mehr wird. Dass Sam sich irgendwann abreagiert und Mo sie dann doch komplett will. Dass die Männer in ihrem Leben ihr nicht mehr reinreden, nicht mehr versuchen, sie kleinzuhalten, sondern sie unterstützen, anerkennen. Und vielleicht sogar irgendwann ein kleines bisschen zu ihr aufblicken.

VERLANGEN

Alma

Alma hat ein Geheimnis. Ihre engen Freunde kennen es. Ihre Gynäkologin kennt es. Ihr Freund kennt es nicht. Würde er ahnen, was sie verborgen hält, würde er sich von ihr trennen, glaubt Alma. Doch wenn es nach ihr geht, wird es dazu nie kommen. Alma mag ihr Geheimnis. Es lässt sie lebendig fühlen. Es lässt sie sie selbst sein. Ihren Freund, sagt sie, liebt sie deshalb sogar noch mehr.

Alma heißt wie alle in dieser Geschichte in Wirklichkeit anders, sie ist 30 Jahre alt, hat einen Job, der gut bezahlt ist, und lebt in einer deutschen Großstadt. Seit etwas mehr als zwei Jahren sind sie und ihr Freund ein Paar, seit einem Jahr leben sie gemeinsam in einer Wohnung. Und regelmäßig schläft Alma heimlich mit anderen Männern.

In ihrem Büro, in dem Hotelzimmer nach der Weihnachtsfeier oder in der Wohnung ihrer Affäre, in der er mit seiner Ehefrau lebt. Doch Almas Geschichte handelt nicht einfach nur vom Fremdgehen. Almas Geschichte beginnt vor etwa zehn Jahren.

Alma ist damals Anfang 20 und schwer verliebt. Er ist ihre erste große Liebe, drei Jahre lang umwirbt sie ihn, dann werden sie endlich ein Paar. Sie studiert in einer Stadt, in der die Anzahl der männlichen Studierenden die der weiblichen bei Weitem übertrifft. Alma ist blond, hat blaue Augen, ihr Körper ist durchtrainiert. Selten vergeht ein Abend an der Bar, an dem sie nicht angesprochen wird. Höflich sagt sie dann, dass sie in einer Beziehung ist, damit hat sich das Gespräch meist erledigt. Nicht so bei Nils.

Nils ist vier Jahre älter als Alma und schreibt gerade seine Doktorarbeit, über Freunde von Freunden lernen sie sich kennen. Und als Nils erfährt, dass Alma vergeben ist, fängt es für ihn gerade erst an, interessant zu werden. Statt die Abfuhr zu akzeptieren, fragt er: »Willst du mit mir was trinken gehen?«

Alma mag sein Selbstbewusstsein, diese gewisse Arroganz. Sein Intellekt beeindruckt sie. Nils umgarnt Alma, dass er sie heiß findet und mit ihr zusammen sein will, verbirgt er nicht. Alma fühlt sich wahnsinnig geschmeichelt. Wenn der sich so ins Zeug legt, denkt sie, dann muss er der Richtige sein. Nach ein paar Wochen küssen sie sich das erste Mal, ein paar Tage später schlafen sie miteinander. Als sie für ihn ihren damaligen Freund verlässt, sagt Nils: »Ich könnte nie in einer Beziehung mit dir sein – du hast deinen Freund ja betrogen.«

Eigentlich könnte die Sache mit Nils damit erledigt sein. Stattdessen markiert dieser Moment den Anfang einer komplexen Verflechtung aus Verlangen und Abhängigkeit, die Alma bis heute begleitet.

Anfangs ist sie einfach nur verletzt. Sobald sie mit ihrem Freund Schluss gemacht hatte, war bei Nils jegliches Interesse erloschen. Sie sucht und findet die Schuld bei sich selbst, und Nils nutzt das schamlos aus. Mit einer fadenscheinigen Erklärung tischt er ihr auf, niemand dürfe jemals etwas von ihnen beiden erfahren. Und Alma willigt ein. Er setzt die Momente an Aufmerksamkeit, die er ihr schenkt, so geschickt, dass sie sich bald rund um die Uhr für ihn verfügbar hält. Wenn Nils Lust auf sie hat, schreibt er ihr spontan und sagt seinem Mitbewohner, er gehe Wäsche waschen. Eine Viertelstunde später treffen sie sich im Wäschekeller, haben fünf Minuten Sex, danach steigt er wieder die Stufen zu seiner Wohnung hoch, während sie sich auf ihr Fahrrad setzt und nach Hause fährt.

Wenn sie in den darauffolgenden sechs Jahren eine Beziehung hat, dann nie länger als zwei, drei Monate, gedanklich hängt sie eigentlich immer bei Nils. Vielleicht, denkt sie, ändert er ja doch noch seine Meinung. »Ich hätte alles für ihn getan.« Nur für dieses Fünkchen Anerkennung. Sie will sich ihm beweisen, egal wie. »Ich war total abhängig, darauf zu warten, dass endlich wieder mein Handy klingelt«, sagt Alma. »Ich habe darauf gehofft, dass er mir endlich schreibt: Ich will dich jetzt nackt sehen.« Und Alma entdeckt: Das gefällt ihr. Sie spürt, wie es sie anmacht, diesem Machtgefälle ausgeliefert zu sein. Es elektrisiert sie. »Darauf zu warten, wann er Bock hat, immer Zeit haben zu müssen, während er nie Zeit hat, das hat mich irgendwann so angespornt, ihm gefallen zu wollen. Dieses Powerplay. Ich fand das heiß.« Das Versteckspiel hält die Spannung zwischen ihnen konstant hoch. Sie mag es, an ihre Grenzen zu kommen, um sie dann zu überschreiten: emotional, aber vor allem auch sexuell.

Irgendwann ist Nils in einer Beziehung, ab da läuft ihr

Verhältnis nur noch digital. Sie schicken sich Bilder. Anfangs noch in Unterwäsche, dann wird die Wäsche weniger, und die Posen werden expliziter. Mittlerweile, glaubt Alma, muss Nils bestimmt an die 2000 Fotos von ihr haben. Sie löscht seine immer mal wieder, nur die besonderen, die ihr etwas bedeuten, hat sie in einem geheimen Ordner gespeichert. Wie ein Souvenir nur für sie.

Sie schreiben sich von ihren sexuellen Fantasien, wo und wie sie sich berühren würden, wären sie beieinander. Sie sagen dem anderen, wie er sich selbst befriedigen soll und wann. An öffentlichen Plätzen, bei der Fahrt im ICE; ein anderes Mal, es ist Dezember, sitzt Alma an ihrem Schreibtisch im Großraumbüro, als Nils ihr schreibt: Sie soll sich dabei filmen, wie sie sich die Strumpfhose am Oberschenkel zerschneidet, als würde sie Strapse tragen. Anschließend soll sie sich die Unterhose ausziehen. Jetzt, am Arbeitsplatz. Sie schickt ihm das Video und verbringt den restlichen Tag im Büro damit, nervös an ihrer verbliebenen Strumpfhose herumzuzupfen.

Manchmal sitzen Nils und Alma sich im Videochat gegenüber und beobachten sich gegenseitig auf dem Bildschirm, wie sie sich selbst befriedigen. Einmal erstellt er für Alma einen Tinder-Account und arrangiert über die App ein Sexdate mit einer Frau, die er zu ihr nach Hause schickt. Alma klappt den Laptop auf und wählt sich in den Videochat. Während Alma mit der fremden Frau Sex hat, schaut Nils aus der Ferne zu. Und die Fremde genießt es, Teil einer fleischgewordenen Fantasie zu sein.

Ist das Betrug, eine Flucht aus der Realität oder einfach eine legitime Art, die eigene Lust auszuleben? »Viele haben mich gefragt, woher das kommt, dass ich mich von einem Mann so behandeln lasse«, sagt Alma. Sie will klarstellen: »Meine Eltern führen eine superglückliche Ehe. Mein Papa ist ein ganz lieber Typ.« Es liegt nicht an der Art, wie sie aufgewachsen ist. Es liegt nicht daran, dass sie keine oder zumindest keine bedingungslose Liebe erfahren hätte. »Es war immer der Versuch, von genau diesem Mann gemocht zu werden, ich habe so gekämpft, dass Nils was Nettes zu mir sagt. Das ist nie passiert.«

Vor zwei Jahren dann lernt Alma Yannis kennen. Ein Match auf Bumble. Eineinhalb, zwei Monate ist sie da gerade aus ihrer vorherigen Beziehung raus, eigentlich genießt sie es, sich auszuleben. Doch mit Yannis passt es einfach. Mit ihm fühlt sie sich anders als mit den anderen Männern, die sie seit Nils kennengelernt hat. Sonst war das immer so: Männer verlieben sich in Alma, Alma genießt die Aufmerksamkeit, spielt mit, doch eigentlich denkt sie nur an Nils. Bei Yannis nicht. Und zum ersten Mal gelingt es ihr, in einer Partnerschaft einfach zu sein. Sich richtig darauf einzulassen. Vielleicht ist er sogar *der Eine,* denkt Alma. »Es ist schön, zu merken, dass ich mich auf meinen Partner konzentrieren kann. Dass ich nicht auf jede Nachricht von Nils mit Herzklopfen reagiere. Seine Nachrichten nerven mich jetzt manchmal eher.« Die Sexnachrichten kommen weiterhin, vor zwei Tagen erst leuchtete es wieder auf ihrem Handy auf. »Er ist jetzt verheiratet«, sagt Alma, »wird, glaube ich, gerade Vater.«

Als Yannis und Alma ein Dreivierteljahr zusammen sind, wechselt sie in einen neuen Job. Sie arbeitet viel, verdient gut, und in der Branche, das merkt Alma schnell, sind Affären eher die Regel als die Ausnahme. Gelegenheiten gibt es genug: Firmenfeiern, Abendessen und Geschäftsreisen sind an der Tagesordnung.

An einem dieser Abende hat Alma einen One-Night-Stand mit Leon, einem externen Kollegen. Und merkt: »Das macht mir gar nichts aus.« Klar war auf der Firmenfeier Alkohol im Spiel und die Gelegenheit günstig. Aber das ist es nicht. »Ich habe mit ihm geschlafen, weil ich da Bock drauf hatte. Das hatte für mich gar nichts mit meiner Beziehung zu tun, als ob ich eine Parallelwelt betrete. Vielleicht hatte ich danach ein wenig ein schlechtes Gewissen, aber irgendwie auch nicht.«

Wenn Alma über sich selbst spricht, wählt sie Worte wie pragmatisch, egoistisch, nicht sehr emotional. Yannis meint Alma, der kennt sie bis zur Stirn – und nicht weiter. Natürlich weiß sie, dass sie in einer Beziehung ist und dass diese monogam ist. Aber am Ende des Tages, sagt Alma, ist sie nicht die Freundin von Yannis, da ist sie einfach nur Alma. Sie steht sich selbst am nächsten. Als sie das erste Mal fremdknutscht, damals mit Nils, erschrickt sie vor sich selbst. Ein paarmal wehrt sie seine Annäherungsversuche ab, aber jedes Mal gehen sie dann doch ein kleines Stückchen weiter. Der erste Kuss, das erste Mal Sex. Mit jeder Wiederholung wird der Schrecken weniger. Was außergewöhnlich war, wird normal. Anfangs stellt sie sich selbst noch Regeln auf. Nicht zwei verschiedene Männer in 24 Stunden zum Beispiel. Diese Regel ist schon längst gebrochen. »Wenn mir das Spaß macht, mache ich das einfach«, sagt sie dann. »Wenn meine Seitensprünge einen negativen Einfluss auf meine Beziehung hätten, hätte ich sie schon beendet. Aber für mich hat es das nicht, im Gegenteil. Es hat auch keinen Einfluss auf meine Gefühle, eher im Positivem.«

Leon ist auch in einer Beziehung. Er ist kein direkter Kollege, aber als externer Berater kommt er regelmäßig ins Haus. Einmal pro Woche. Die Anziehung zwischen ihnen ist unmittelbar, es dauert nicht lange, bis sie miteinander schlafen. Damals bei der Firmenfeier, als sie noch dachten, das sei eine einmalige Geschichte. Als sie sich danach in der Büroküche begegnen, sind beide etwas verlegen, ein klärendes Gespräch gibt es nicht. Ein halbes Jahr später passiert es ein zweites Mal. Irgendwann schreibt Leon ihr abends auf LinkedIn. Er hat getrunken. Sie tauschen ein paar Nachrichten, das Gespräch wird schnell flirty, dann schicken sie sich die ersten Nacktbilder auf der Plattform für berufliche Kontakte. Spätestens als sie bei einer Firmenfeier mit anschließender Übernachtung im gleichen Bett einschlafen, ist klar, dass das keine zufälligen Ausrutscher sind. Morgens im Bett unterhalten sie sich, zwei Monate vor seiner Hochzeit ist das.

Sie sprechen über ihre Beziehungen, als wären ihre Partner gemeinsame Freunde. Dass sie mit Leon so offen über alles reden kann, macht die Situation für Alma realer. Es fühlt sich weniger wie eine Affäre an, weniger geheim wie früher bei Nils. Leon ist eher ganz normaler Bestandteil ihres Lebens. Im Grunde führt Alma eine offene

Beziehung – nur dass ihr Freund Yannis von der Offenheit nichts weiß. Spätestens seit Alma mit ein paar Freunden von sich und Yannis darüber gesprochen hat, weiß sie, dass das nicht in Ordnung ist. Sie sagen: Entweder du erzählst es ihm, oder wir machen das. Und Alma antwortet: »Wenn ihr die Beziehung zerstören wollt, müsst ihr das schon selbst machen. Ich weiß, dass danach Schluss wäre. Aber nicht, weil wir uns nicht lieben.« Bislang hat das keiner gewagt. Ja, Beziehungen ändern sich und Bedürfnisse auch. Als sie Yannis kennenlernte, da wollte sie eine monogame Beziehung. Jetzt ist das anders, und Alma weiß, dass Yannis nie zustimmen würde, die Beziehung zu öffnen. Einmal küsst sie auf einer Party eine gute Freundin, während er danebensteht. Für ihn ist das Betrug. Als Yannis sich einmal auf Geschäftsreise den ganzen Abend, die Nacht und den Morgen darauf nicht bei Alma meldet, wünscht sie sich insgeheim, er wäre fremdgegangen. Denn das würde endlich einmal eine Unterhaltung darüber möglich machen. Aber würde ihr der Sex mit anderen Männern überhaupt noch so viel geben, wäre er nicht verboten? Alma ist sich nicht sicher.

Leon und sie sind beide glücklich in ihren Beziehungen, und mit ihrem Verhältnis. Manchmal, wenn Leon im Büro ist, schickt er ihr eine Mail mit unscheinbarem Betreff und schreibt dann in das Textfeld: Du siehst heute wieder heiß aus. Alma merkt, wie sie sich schon im Vorhinein auf Firmenevents freut, weil sie weiß, dass wieder etwas mit Leon passieren wird. Tage vorher überlegt sie sich, welches Outfit, welche Unterwäsche sie tragen wird.

Neulich ist Alma aufgefallen, dass sie alle Dessous, die sie besitzt, nur für ihre Affären gekauft hat. Um sie überraschen zu können. Das Wissen, dass da spätestens in ein paar Wochen wieder jemand vor ihr steht und ihr Äußeres bewertet, spornt Alma auch an, ihren Körper weiterhin durchtrainiert zu halten. »Wahrscheinlich habe ich kein ganz gesundes Verhältnis zu meinem Körper«, sagt Alma, »wahrscheinlich liegt das auch daran, dass Körperliches gerade in der Sache mit Nils einfach immer sehr präsent war. Aber ich mag es, mich anzustrengen und dann die Bestätigung zu bekommen.«

Leon ist allerdings nicht einfach eine Fortsetzung von Nils. Leon, sagt Alma, ist der Mensch in ihrem Leben, mit dem sie so ehrlich sein kann wie sonst mit niemandem. Das müsse sie allein schon, um ihre Geschichten aufeinander abzustimmen. Leon kennt ihre Lust, sich sexuell immer weiter auszuprobieren. Den Kick zu spüren, etwas Neues zu erleben. Aber nur körperlich ist es zwischen ihnen nicht. Der Sex ist nicht einmal besonders außergewöhnlich, nicht wie bei dem Gastronom, mit dem sie erst eine Zeit lang zu zweit, dann zu dritt mit einer weiteren Frau geschlafen hat.

Als Leon heiratet, schreibt er ihr nachts, er finde es schade, dass sie sich erst in zwei Wochen wiedersehen. Alma antwortet, er solle sein Handy weglegen und die Hochzeit genießen. Oder das eine Mal, als sie abends nach der Arbeit die Bürotreppen gemeinsam runtersteigen und er ihr unten aus dem Nichts einen Kuss zum Abschied gibt und dann geht. Oder bei der Weihnachtsfeier, zu der sie gemeinsam mit seinem Auto anreisen und das erste Mal nüchtern miteinander schlafen. Da merkt sie im anschließenden Winterurlaub mit Yannis, wie ihre Gedanken bei Leon und der gemeinsamen Nacht sind. In diesen Momenten ist sich Alma nicht ganz sicher, ob es hier wirklich nur um Sex geht. Oder ob es vielleicht Leon ist, mit dem sie zusammen sein sollte? Vor Kurzem sagte er zu ihr: »Jetzt mal ehrlich, wenn wir beide Single wären, wären wir zusammen, oder?« Alma sagte erst: »Quatsch, wir kennen uns doch gar nicht. Wir haben uns nur zweimal nüchtern unterhalten.« Und dann: »Ja, wahrscheinlich schon.« Seitdem wissen beide, dass sie sich gut finden.

Dann liegt sie abends wieder mit Yannis auf der Couch, kuschelt mit ihm und denkt: Das ist genau, was ich möchte. Mit Yannis sieht sie eine Zukunft. In ein paar Jahren, wer weiß, wollen sie vielleicht ein Haus bauen, eine Familie gründen. »Meine Affären haben in meiner Beziehung noch nie dazu geführt, dass ich an das ›für immer‹ mit ihm nicht mehr glaube.«

KINDERWUNSCH

Sandra und Sebastian

Der Blumenladen. In dem Blumenladen bekam man Gestecke für jeden Anlass: für Taufen, Hochzeiten, Trauerfeiern, Einschulungen und Babyshowerpartys. Der Blumenladen hatte an sechs Tagen in der Woche geöffnet. Oft brannte in ihm bis spätabends Licht. Man konnte auf Termin bestellen oder kurzfristig etwas anfertigen lassen. Der Blumenladen war immer voll. Mit Menschen, die in ihm einkauften, und Pflanzen, die dafür bereitstanden. Der Blumenladen war Sandras Leben. Aber er ist auch schuld daran, dass sie und Sebastian bislang kein Kind haben. Denn der Blumenladen hat ihre Zeit aufgefressen.

Als Sandra und Sebastian sich kennenlernen, ist Sandra 30 und Sebastian 28. An einem Samstagabend schleppen Sandras Freunde sie mit in die Buddhabar, eine Disco im Speckgürtel von München. Sandra ist zu dem Zeitpunkt seit zwei Jahren von ihrem Freund getrennt. Das erste Mal seit einer Ewigkeit kann sie wieder länger als zehn Minuten am Stück an etwas anderes denken als an ihn, sich wieder auf etwas anderes fokussieren als auf Männer im Allgemeinen und Herzschmerz im Speziellen.

Vielleicht hat Sandra auch deshalb an diesem Abend keine Lust auszugehen. Ausgehen heißt schließlich in der Regel auch aufreißen. Oder zumindest flirten, angegraben werden, baggern, necken, Witze machen oder über Witze von anderen lachen. Etwas widerwillig kommt sie also in der Bar an. Sebastian ist schon da. Sebastian und sein Zwillingsbruder, den Sandra kennt. So kommen Sandra und Sebastian ins Gespräch. Auf der Tanzfläche fragt sie ihn, halb aus Spaß, halb im Ernst, ob er Kinder haben und heiraten will. Sebastian sagt zu beidem Ja.

Später gehen sie gemeinsam zu Sandra nach Hause. Sebastian wohnt nämlich noch bei seinen Eltern. Als sie morgens verkatert aufwachen und Sandra Sebastian fragt, ob er Lust hat, sie am Nachmittag zu einer Bauchtanzvorführung ihrer Mutter zu begleiten, sagt er wieder Ja. Keine 24 Stunden nach ihrem Kennenlernen trifft Sebastian Sandras komplette Familie. Es passt gut: Sandras Familie mag Sebastian, und Sebastian mag Sandras Familie. Außerdem mögen Sebastian und Sandra sich. Von da an könnte alles perfekt werden.

Vor Sebastian ist Sandra 14 Jahre mit einem Mann zusammen, den sie aus der Schule kennt. Ihre Beziehung startet damit, dass sie abwechselnd in seinem und ihrem Kinderzimmer übernachten. Sie machen das Abitur gleichzeitig und arbeiten später sogar im gleichen Betrieb. Mit diesem Mann ist Sandras Leben vorgezeichnet. Mit ihm wird sie Kinder haben, ein Haus und eine Hochzeit. Am besten alles noch in den Zwanzigern. Sandras Mutter bekam sie früh, und weil sie sehr eng sind und Sandra glaubt, dass diese Nähe mit ihrem geringen Altersabstand zusammenhängt, will sie das auch: eine junge Mutter sein. Aber dazu kommt es nicht. Denn Sandra merkt, dass der Mann, mit dem sie zusammen ist, der ja eigentlich der Vater ihrer Kinder werden soll, sie mit einer ihrer Freundinnen betrügt. Sandra trennt sich von ihm.

Die Monate danach sind schrecklich. Die Momente, wenn sie aufwacht, morgens, und einige Sekunden braucht, bis ihr wieder einfällt, was passiert ist, die schlimmsten. In denen will sie sich am liebsten in ihrem Bett verstecken, die Decke über sich ziehen und nie wieder aufstehen. Bei der Arbeit ist ihr Ex-Freund dann auch noch allgegenwärtig: Sie liest seinen Namen in E-Mail-Verteilern und hat ihn sogar manchmal am Telefon. Sandra kündigt. Aber alleine zu Hause wird es auch nicht besser. Tagelang liegt sie im Bett und braucht ewig, um sich von dem Belogenwerden zu erholen und ihr Selbstwertgefühl wieder einigermaßen zu sortieren. An einen neuen Job kann sie in der Zeit überhaupt nicht denken.

Als Sandra Sebastian kennenlernt, ist sie noch immer arbeitslos. Weil Sebastian, der als IT-Fachmann arbeitet, sich seine Stelle frei einteilen kann, ist ihre Zeit in Sandras Wohnung unbeschränkt. Manchmal, wenn sie abends in der Dämmerung rausgehen und einen Spaziergang machen, reden sie über die Zukunft und Sandras Traum: einen eigenen Blumenladen zu besitzen.

Vor Weihnachten, ein knappes Jahr nach ihrem Kennenlernen, wird Sandra von Sebastians Eltern, die selbst einen kleinen Laden betreiben, gefragt, ob sie nicht Adventskränze bei ihnen verkaufen will. Sandra, die nach der Schule, bevor sie in die gleiche Firma wie ihr Ex-Freund wechselte, eine Ausbildung zur Floristin gemacht hatte, sagt zu. Ihre Gestecke werden ein Verkaufsschlager. Die Menschen stehen Schlange vor ihrem Stand.

Ein paar Monate später fährt sie mit ihrem Vater durch einen Vorort von München, vorbei an einem leer stehenden Geschäft. Als sie sich bei einer Bude in der Nähe eine Bratwurst kaufen und der Verkäufer erzählt, dass dem Ort ein Blumenladen wirklich fehlt, wirkt das fast wie Schicksal. Sandra mietet den Laden und hat das Gefühl, ihr Leben endlich wieder komplett im Griff zu haben. Sebastian, mit dem sie da bereits zusammenwohnt, beteuert immer und immer wieder, wie stolz er auf sie ist.

Fortan steht Sandra oft bis spätabends im Laden, bindet Sträuße, beantwortet Anfragen, plant Auslieferungen und Einkäufe. Sebastian hilft, wo er kann. Er fährt zum Großhändler und liefert Blumenbestellungen bei Feiern ab. Manchmal steht er am Wochenende sogar mit im Laden und verkauft. Die Zeit rast an den beiden vorbei. Aber weil Sandra sich agil und glücklich fühlt und noch dazu viel jünger aussieht, als sie ist, hat sie ohnehin das Gefühl, eine Menge davon zu haben.

Irgendwann geht es los, dass Sandra andauernd damit beschäftigt ist, Blumenschmuck für die Hochzeiten ihrer Freundinnen anzufertigen. Oft folgt kurz darauf die Deko für die Babyshowerpartys, dann für die Taufen. Sandra ist sich zwar nach wie vor sicher, auch ein Kind zu wollen, aber ihr Alltag ist voll ausgelastet, der Blumenladen ihr

Lebensmittelpunkt und sie teilweise bis zu 80 Stunden in der Woche dort. Nach wie vor ist sie für das Geschäft komplett alleine verantwortlich, Personal schwer zu finden und meistens nicht leicht zu halten.

Wenn Sandra Geburtstag hat, wundert sie sich oft, dass schon wieder ein Jahr vorbei ist. Irgendwann entscheiden sie und Sebastian, fast nebenbei, mit dem Verhüten aufzuhören. An einem Abend, an dem Sebastian von einer Hochzeit nach Hause kommt, setzt er sich neben Sandra auf das Sofa und fragt, ob sie das auch will: heiraten. Sandra sagt sofort Ja. Dabei geht es ihr weniger um die Ehe an sich, sondern mehr um das Bekenntnis zu Sebastian. Den liebt sie nämlich immer noch mindestens genauso sehr wie am Anfang.

Mit Ende 30 merkt Sandra auf einmal, wie die viele Arbeit anfängt, an ihr zu nagen. Morgens braucht sie länger, um aus dem Bett zu kommen, der Rücken tut ihr weh, und das Heben fällt schwer. Daran, dass sie immer noch nicht schwanger ist, denkt Sandra nur manchmal. Meistens dann, wenn sie auf Toilette sitzt und wieder ihre Tage hat. Ihr Herz wird dann kurz sehr schwer, und sie fragt sich, ob alles mit ihr in Ordnung ist. Aber den Gedanken verscheucht sie schnell wieder. Auch Sebastian plagt sich nicht zu lange mit Fragen darüber, wieso es noch nicht geklappt hat. Die Antwort scheint ja auch auf der Hand zu liegen: Wahrscheinlich haben sie einfach noch nicht den richtigen Zeitpunkt erwischt. Immerhin ist ihr Alltag nach wie vor sehr stressig.

Sebastian hat noch ein anderes Thema: Er liebt Norwegen und Schweden, seit er nach der Schule eine lange Reise dahin unternommen hat. Viel lieber als im Speckgürtel von München würde er in der spektakulären Natur Skandinaviens leben. Zwar lehnt Sandra das Auswandern vehement ab, schon weil es da oben zu kalt und auch mit dem Laden eigentlich keine Option ist. Doch Sebastian sucht trotzdem manchmal im Internet nach passenden Stellenangeboten im Norden.

Als eine enge Mitarbeiterin von Sandra kündigt, steht für sie fest, womit sie vorher immer häufiger geliebäugelt hat: Sie wird den Laden aufgeben. Der Zeitpunkt scheint ideal, denn die Coronapandemie legt gerade das Land lahm. Sandras einzige Möglichkeit, Blumen zu verkaufen, ist, Bestellungen aufzunehmen und auszuliefern – was die ganze Prozedur noch anstrengender macht. Einen Monat bevor sie es eigentlich vorhatte, sperrt sie die Ladentür zum letzten Mal zu und händigt ihrem Vermieter den Schlüssel aus. Als sie nach Hause kommt, ist sie mehr erleichtert als wehmütig.

Doch mit der neu gewonnenen Zeit breitet sich die Frage in ihr aus, die sie davor so erfolgreich verdrängt hatte: Wieso ist sie immer noch nicht schwanger? Sandra ist zu dem Zeitpunkt Anfang 40. In den darauffolgenden Wochen und Monaten gehen Sebastian und sie die Sache geplanter an: Sie haben Sex an den Tagen, an denen sie Sandras Eisprung vermuten, hören mit dem Rauchen auf, trinken weniger Kaffee, achten auf ihre Ernährung und nehmen jeden Tag verschiedene Vitamintabletten. Aber nichts davon hilft.

Obwohl es eigentlich nicht ihre Art ist, macht sich Unruhe in Sandra breit. Und sie trägt ein Gefühl mit sich herum, das sie nicht haben will: Sie fühlt sich ungerecht behandelt. Wieso klappt das Kinderkriegen bei anderen, aber bei ihnen nicht? Die Babyshowerpartys ihrer Freundinnen hält sie kaum noch aus, und auch einen Nachmittag auf dem Spielplatz findet sie furchtbar.

Der terminierte Geschlechtsverkehr zehrt am meisten an ihnen. Er drückt auf ihre Lust und auf ihre Laune. Als die Stimmung zwischen ihnen immer schlechter wird, schlägt Sandra vor, ein Kinderwunschzentrum zu konsultieren und es mit fremder Hilfe zu probieren.

Nachdem sie die ersten Untersuchungen hinter sich haben, erklärt ein Arzt, dass Sandra einen verkürzten Eileiter hat, was eine Schwangerschaft ohne künstliche Befruchtung quasi unmöglich macht. Von Sandra und Sebastian nimmt diese Info eine Last: Sie wissen jetzt, dass es kein Zufall ist, dass es bei ihnen noch nicht geklappt hat. Auf den geplanten Sex können sie von da an verzichten.

Ungefähr zeitgleich erreicht Sebastian das Angebot eines Headhunters. Er hat eine Stelle für ihn – in Norwegen. Weil der Blumenladen Sandra nicht mehr in Deutschland hält und sie weiß, wie sehr sich Sebastian ein Leben in der nordischen Prärie wünscht, willigt sie ein mitzukommen. Die beiden schließen einen Pakt: Wenn es ihnen in Norwegen nicht gefällt, ziehen sie ohne Umschweife zurück. Sandra und Sebastian beginnen mit der Planung.

Dass der Umzug sie in der Kinderplanung zurückwerfen wird, wissen sie. In Norwegen müssen sie erst eine neue Klinik finden, ihre Befunde übersetzen lassen und neu mit der Hormontherapie beginnen, bis sie es mit der künstlichen Befruchtung probieren können.

Aber das Auswandern hilft Sandra und Sebastian auch dabei, auf andere Gedanken zu kommen. Ihr Alltag kreist fortan nicht mehr um Was-wäre-wenn-Fragen, sondern stattdessen um logistische Herausforderungen: In Norwegen brauchen sie ein Haus, Versicherungen und Sandra einen Job.

Manchmal hält Sandra in dem ganzen Organisieren kurz inne und spürt so was wie Erleichterung: Wenn sie jetzt schon Kinder hätten, dann wären sie nicht so flexibel, einfach das Land zu wechseln, dann wäre der Umzug viel komplizierter. Auch als Sandra und Sebastian schon in Norwegen wohnen, abgeschieden, mit Wiesen rund um das Haus, auf denen man manchmal Rehe beobachten kann, hat Sandra den Gedanken immer mal wieder: Sicherlich wäre sie eine gute Mutter, aber braucht sie wirklich unbedingt ein Kind?

Wenn Freunde mit Kindern sie besuchen kommen, beobachtet sie den ganzen Trubel, der um die kleinen Menschen veranstaltet wird, und den Alltag, der sich ausschließlich um sie zu drehen scheint, und ist froh, wenn ihr Haus wieder leer ist und sie ihre Ruhe hat. Sebastian geht es ähnlich.

Die beiden verstehen sich gut in Norwegen. Sandra arbeitet an vier Tagen in der Woche in einem Blumenladen. Sie finden schnell Anschluss in der Nachbarschaft und freunden sich mit Sebastians neuen Kollegen an. Unter denen ist ein Paar, das genau wie sie Schwierigkeiten hat, auf natürlichem Weg ein Kind zu bekommen. An Abenden beim Weintrinken erzählen sie sich davon, und die geteilte Erfahrung hilft, mit der eigenen klarzukommen.

Trotzdem wollen Sandra und Sebastian es zumindest einmal mit einer künstlichen Befruchtung probieren. Gerade bereiten sie sich darauf vor. Sandra ist jetzt 44. Sebastian Anfang 40. Für die Zukunft haben sie zwei Visionen: Sie spazieren über die weiten Wiesen rund um ihr Haus, suchen Elche und beobachten Vögel – und sind dabei entweder zu zweit oder haben noch einen kleinen Menschen bei sich und sind zu dritt. Beides wäre schön.

ZU HAUSE BEIM FALSCHEN MANN

Clara

Ihre erste Begegnung: Er trägt lilafarbene Radlerhosen. Sie mag Roberto schon in der Grundschule, er wohnt um die Ecke im Hamburger Arbeiterviertel, in dem die Kinder jeden Tag draußen rumtoben. Sie treffen sich auf dem Spielplatz, wenn ihre Mütter arbeiten, Väter gibt es hier keine. Clara springt mit Roberto immer über die Hecke, noch heute hat sie davon kleine Narben am Knie.

Ab der vierten Klasse finden sie sich richtig cool. Mit zehn hat Clara zum ersten Mal kleine Schmetterlinge im Bauch. Beim Discoabend auf der Klassenfahrt spielt der Lehrer den Schnulzensong »I Swear«, und Clara möchte mit Roberto tanzen. Aber er will nicht oder traut sich nicht. Danach gehen sie auf verschiedene Gymnasien.

Es ist ein warmer Sommertag. Clara sitzt in einem hippen Park im Herzen von Berlin. Oben rattert eine U-Bahn übers Viadukt, unten werfen sich junge Boxer ohne Shirt ein paar Fäuste zu. Bienen landen auf dem Klee, in den Clara ihre nackten Füße gelegt hat. Hier tobt das aufregende Leben, von dem sie weiterhin zu träumen wagt.

Clara, die wie alle Personen dieser Geschichte anders heißt, hatte nie gewöhnliche Männer. Sie mag Momente und Menschen, die nicht angepasst sind. Mit einem dieser Außenseiter ist sie heute verheiratet in Hamburg, aber sie will weg aus der Stadt, die ihr wie ein Dorf vorkommt. Und weg von ihm. Clara möchte das richtige Leben finden. Den richtigen Mann hat sie verpasst, immer wieder.

Ihre zweite Begegnung: Clara und Roberto sind beide liiert. Sie studiert Altgriechisch und ist schon lange mit Matthias zusammen, ihrer Liebe aus dem Gymnasium. Auch Roberto hat eine Frau neben sich im Profilbild, als sie ihn über Studi-VZ kontaktiert. In einem Restaurant erzählen sie sich drei Stunden lang, was ihnen in den zehn Jahren ohneeinander passiert ist. Roberto beschreibt, wie er als 18-Jähriger seine Mutter nach einem epileptischen Anfall tot in ihrem Bett gefunden hat. Clara rührt seine Offenheit. Sie sehen sich nun regelmäßig an der Uni, werden wieder Freunde. Bis er bekennt: Ich habe keine Freundin mehr. Und Clara klarstellt: Mein Freund holt mich nachher ab.

Matthias aus der zwölften Klasse ist ihre erste große Liebe. Auf dem Schulhof fällt er auf mit seinen Technohosen, in die Haare hat er sich ein Tribal rasiert. Die anderen sind neidisch darauf, dass er immer seine Meinung sagt. Einmal ruft er Clara an wegen einer Schulaufgabe, sie reden stundenlang und fangen an, sich zu treffen. Er lebt wie sie bei seiner allein gelassenen Mutter.

Matthias interessieren die gleichen Filme wie Clara, er liest gern Bücher, geht ins Theater. Er lacht viel. Sie bleiben zusammen über die Schule hinaus. Clara fängt ein Sprachstudium an, Matthias geht zum Bund als Soldat auf Zeit. Sein Opa, der liebe, bietet dem jungen Paar einen Platz zum Wohnen an. Oma war gerade elendig gestorben: Sie hatte Gebärmutterhalskrebs, wurde falsch bestrahlt und erlag einem schlimmen Hautkrebs. Also sagt Opa zu Matthias und Clara: Kinder, wollt ihr nicht zu mir ziehen?

Mit 24 ist sie zum ersten Mal schwanger. Matthias ist oft in der Kaserne, wird nach Süddeutschland versetzt. Opa stellt Clara jeden Morgen frische Brötchen hin und legt einen Zettel dazu: Ich wünsche Dir einen schönen Tag! Als die Geburt geschafft ist, weint Matthias gerührt im Krankenhaus. Jetzt beginnt das Leben richtig, denkt Clara. Aber daraus wird nichts.

Wie viel Glück braucht man, um glücklich zu werden? Ist Liebe am Ende Glückssache? Clara ist inzwischen 38 und »nicht mehr ganz taufrisch«, wie sie selbstironisch meint. Ihre Suche nach dem richtigen Leben ist aufregend. »Wenn ich jetzt sterben würde, wäre es nicht schlimm«, sagt Clara. »Von den Erlebnissen her fühle ich mich wie 100.« Oft war sie es, die sich außergewöhnliche Männer angelte. Oft war sie es, die sie wieder verließ. Oft war sie mit ihren Kindern allein. Oft kamen die Männer nicht damit klar, dass sie sich nach mehr sehnte als nur nach ihnen. Jetzt steht sie vor der nächsten Lebensentscheidung. Und fragt sich: Kann ich in der Liebe nicht auch mal kein Pech haben?

Matthias hat keinen Bock auf seinen Sohn. Wenn er aus der Kaserne auf Hausbesuch kommt, guckt er fern oder spielt am Computer. Nur einmal, als Clara sich die Achillessehne entzündet hat, geht er widerwillig mit dem Jungen spazieren. Zu allem Überfluss nervt Matthias' Mutter, seit der Geburt weiß sie alles besser. Clara zieht kurzerhand mit dem Baby nach Bayreuth, näher zu Matthias. Sie will dem Kind eine richtige Familie bieten. »Aber er war selbst noch zu kindisch, um ein Kind zu haben«, sagt Clara heute.

Das erste Jahr läuft schrecklich. Das Paar streitet oft. Matthias wird wieder versetzt, diesmal an die Ostsee. An den Wochenenden zu Hause ist er oft jähzornig, zerschlägt Sachen und Gefühle. Heimlich guckt sie im Internet nach Wohnungen. Und denkt an ihre Begegnungen mit Roberto zurück.

Ihre dritte Begegnung: Clara geht mit Roberto auf den Weihnachtsmarkt. Sie trinken ein paar Glühwein zu viel, landen bei ihm in der Wohnung. »Wir haben uns geküsst«, berichtet Clara, »und so weiter und so fort.« Nach dem Erwachen hat sie ein schlechtes Gewissen: Was soll ich jetzt Matthias erzählen? Sie fährt zu ihrer besten Freundin und duscht erst einmal. Die findet alles halb so wild. Also erzählt sie Matthias nichts. Vielleicht ist es auch gar nicht so schlimm, mal fremdzugehen mit seinem Grundschulschwarm. Es gibt Schlimmeres. Clara weiß es nur zu gut.

In ihrem Leben fehlt immer etwas. Oft redet sie mit ihrer Mutter darüber: Wie Claras Großeltern mit drei ihrer Kinder aus der DDR in den Westen ausreisten, aber ihr volljähriges Kind nicht mitnehmen durften. Wie Claras Mutter allein zurückblieb und einen Mann kennenlernte, den sie heiraten wollte – schwanger war sie bereits. Wie sie dann auch rüberdurfte mit Clara im Bauch. Wie der Mann versprach hinterherzukommen. Wie er flüchten wollte, verraten wurde und im Gefängnis landete. Wie Clara also ohne Vater in Hamburg über Hecken sprang.

Wie ihre Mutter nur noch arbeitete, um ihr ein gutes Leben zu ermöglichen. Wie ihre Mutter allein blieb.

Ihren Vater lernt Clara erst kennen, als die Mauer fällt. Er kriegt im Westen keinen Fuß auf die Erde, trinkt, fährt Autos zu Schrott, wird kriminell, seine Bude verlottert. Claras Mutter räumt ihm immer wieder letzte Chancen ein, vergebens. »Ihm hat nichts Halt gegeben«, sagt Clara. »Plötzlich war er weg.«

Zwei Jahrzehnte später findet sie ihren Vater in einem Pflegeheim, ein lang erwarteter Moment. Er sitzt im Rollstuhl, kann kaum sprechen, hat Flecken am Körper. Er entschuldigt sich, dass er nicht für sie da gewesen ist. Er bekennt, dass er HIV hat, schon sehr lange, nun ist er schwer an Aids erkrankt. Er hatte es ihr aus Scham verheimlicht.

Ihre vierte Begegnung: Sie machen Sushi. Claras Mutter ist entzückt: Was, du triffst dich wieder mit Roberto? Weißt du noch, seine lilane Radlerhose? Bring ihn doch mal mit! So kommt es, dass sie zu dritt in der Küche ihres Mutterhauses zusammen Sushi rollen. Clara, noch zusammen mit Matthias, hat bei Mama noch ihr altes Kinderzimmer. Roberto und sie gehen nach dem Essen hoch, küssen sich, schauen zweimal hintereinander »Der Pate«. Als Roberto ihr am nächsten Mittag gesteht, dass er schon länger in sie verknallt sei, denkt Clara: Ich beende es jetzt mit Matthias. Doch dann, am gleichen Tag, passiert die Sache mit der Katze.

Liebe wird oft in Momenten gemessen. Die richtigen werden immer aufs Neue erzählt und so großartig ausgeschmückt, dass sie ein Fundament bilden. Die falschen Momente dagegen möchte man in der Rückschau klitzeklein häckseln und vergessen. Manchmal, wenn wir nachts alleine sind, erinnert uns die verdrängte Erinnerung an sie. Was wäre gewesen, wenn?

Wie viele Menschen führen eine Beziehung weiter, in der sie nicht mehr glücklich sind? Wegen der Kinder. Wegen der Umstände. Wegen der Angst. Eine Statistik über nicht mehr empfundene Gefühle gibt es nicht. Es gibt nur etwas, das jeder Liebe ein Fundament gibt und das der Frage »Was wäre, wenn?« eine Antwort verspricht. Es ist die Sehnsucht, einfach glücklich zu sein. Davon träumen wir weiter, Tag und Nacht. Gerade die falschen Momente erinnern uns daran.

Opa ist noch berufstätig als Hausmeister. Gerade lenkt er das Handwerkerauto zurück zu seinem Haus, da springt ihm eine Katze vor die Karre und flüchtet jaulend ins Gebüsch. »Matthias, komm schnell!«, ruft Opa. »Fang die Katze ein, wir müssen sie zum Arzt bringen!« Matthias zerrt das Tier aus den Büschen, es beißt um sich, zerfurcht ihm die bloßen Hände, ein Krankenwagen wird gerufen, in der Klinik wird Matthias sofort operiert. Katzenbisse sind fast so gefährlich wie Menschenbisse.

Clara hetzt ins Unfallkrankenhaus. Sie erblickt seine eingegipsten Hände. Die Ärzte reden davon, dass sie vielleicht einige Finger amputieren müssen. Matthias kann sich nicht einmal mehr den Po abwischen. Clara denkt: Heute kann ich nicht mit ihm Schluss machen.

Ihre fünfte Begegnung: Sie schreiben sich. Clara schildert Roberto das Drama mit der Katze. Aber er will nicht länger auf sie warten. Roberto schreibt, dass sich Clara schon vorher von ihm hätte trennen können. Das stimmt natürlich. Aber warum sieht er nicht ein, dass der Moment jetzt der falsche ist? »Vielleicht wäre er ja auch nicht der Richtige gewesen«, sagt Clara rückblickend und fragt leise hinterher: »Oder?«

Die Geschichte einer verpassten Liebe zu erzählen, hat immer etwas Trauriges. Außer wenn man auf so lebenslustige Menschen wie Clara trifft. Ja, sie trauert ihrer verpassten Liebe hinterher. Ja, sie merkt, dass sie auch heute wieder im falschen Leben gelandet ist als Frau, Mutter, neugieriger Mensch. Sie macht im Alltag so etwas wie das Beste daraus. Parallel bereitet sie sich darauf vor, dass womöglich bald wieder etwas Neues kommt. Womöglich kommt es aber auch nicht.

Matthias erholt sich nach dem Unfall, aber er bessert sich nicht. Er hängt rum, einmal haut er jähzornig mit seiner Hand ein Loch in die Wand, ihr kleiner Sohn sitzt daneben. Clara nimmt den Jungen und zieht zurück zu ihrer Mutter. Ihr schlimmster Gedanke: Jetzt hat mein Kind auch keinen Vater.

Clara ist keine, die nicht zuzupacken oder nichts mit sich anzufangen weiß. Sie ist herzlich, hübsch, fleißig. Sie arbeitet Vollzeit in Berlin, manchmal im Homeoffice in Hamburg, oft pendelt sie. Mit Matthias hat sie längst ein annehmbares Patchwork-Verhältnis gefunden, seine neue Frau gibt ihm Halt und ist zugewandt zu Claras und Matthias' Sohn, sie selbst kann keine Kinder bekommen. Bei der Einschulung des Kindes waren alle gemeinsam.

Clara geht gerne mit ihrem Hund spazieren. Abends im Bett liest sie etwas und ist froh, wenn sie niemandem Rechenschaft schuldig ist. Wenn sie einmal ein Wochenende für sich hat, macht sie sich morgens einen Kaffee, liest Zeitung. »Ich brauch niemanden mehr, der mich nervt«, sagt Clara. Und ihre drei Kinder, die sie von zwei Männern hat? »Für die tue ich alles.« Deshalb kümmert sie sich auch um den dritten Mann in ihrem Leben: Nicolas. Mit ihm ist sie noch verheiratet. Er ist ein liebevoller Vater. Aber auch nicht der Richtige.

Nicolas ist 20 Jahre älter als Clara. Als sie ihn kennenlernt, arbeitet er als Künstler in New York, hat dort mit 30 seine erste Familie gegründet und mit seiner Frau zwei Töchter. Nach der Scheidung verbringt er die Sommer in Hamburg, verkauft hier seine Bilder, lebt im Mietshaus seiner Mutter. Clara zieht nach der Trennung von Matthias mit ihrem Sohn in die Wohnung unter ihm ein.

Eines Abends lärmt es von oben. Nicolas zieht Bilder auf, zimmert Keilrahmen zusammen. Clara geht hoch: »Sag mal, geht's noch? Mein Sohn schläft!« Nicolas ruft: »Beruhig dich mal! Hier haste 'n Bier.« Sie denkt: Was für ein Penner! Seine Bude ist verrümpelt, überall liegen Bilder, Klamotten, Zeug, der Kerl raucht Kette und hört sich selbst gern reden. Ein Einzelgänger. Schon wieder.

Er kümmert sich lieb um ihren Sohn. Gemeinsam mit seinen Töchtern gehen sie schwimmen. Er redet niemandem nach dem Mund, hinterfragt jeden Satz, den Clara sagt. Er zeichnet geschickt, kauft für die beiden halben Familien ein. Irgendwann küssen sie sich. Als Clara Lust auf mehr Nähe bekommt, hält Nicolas inne: »Ich werde nicht mit dir schlafen. Entweder du entscheidest dich ganz für mich, oder du sagst Nein. Für alles dazwischen bin ich nicht zu haben.« Sie denkt drüber nach. Sie haben schöne Zeiten. Seine direkte, zugewandte Art gefällt ihr. Sie sagt Ja.

Für die Hochzeit fliegen sie nach New York. Seine vorherige Frau hatte er ebenfalls in den USA geheiratet, dort wurden die beiden auch geschieden. Letzteres aber erkennen die deutschen Behörden nicht an. Also ziehen Clara und Nicolas in einem New Yorker Rathaus einen Anmeldeschein. 24 Stunden später dürfen sie wiederkommen zur Trauung. So einfach geht das hier. Als sie allein zurückfliegt, weil er in New York noch an seiner Kunst weiterarbeiten will, ist sie schon schwanger. Ihr erstes gemeinsames Kind ist Claras zweiter Sohn. Nicolas kommt zu ihnen nach Hamburg nach. 20 Monate später die nächste Schwangerschaft. »Na ja, Stillen ist eben keine Verhütungsmethode«, lacht Clara rückblickend. Sie wollte immer gern Kinder. Und einen interessanten Mann. Hat sie jetzt endlich Glück in der Liebe?

Kinder sind nicht billig. Nicolas müsste mehr dafür tun. Das Geld für seine Bilder reicht nicht, er macht Schulden bei Freunden und Geschwistern. »Wer viele Kinder in die Welt setzt, muss sie auch ernähren«, sagt Claras Mutter, bevor sie ihrer Tochter wieder etwas zusteckt. Nicolas pflegt seine Mutter, die an Diabetes leidet, aufopferungsvoll. Er bleibt lieb zu den Kindern, auch wenn seine Erziehung darin besteht, dass sie machen dürfen, was sie wollen. Er kriegt das mit New York nicht mehr auf die Reihe, schimpft auf die weite Welt, ändert seine aber nicht. Er lässt sich gehen, geht in die Breite. Jeden Satz, den Clara sagt, kontert er: Bist du dir sicher? Clara geht inzwischen auf die Nerven, was sie früher an ihm fasziniert hat. Sie sagt seit Jahren: Lass uns in Berlin neu anfangen. Er sagt seit Jahren: Vielleicht.

Clara ist eine Frau der Tat. Längst sucht sie nach Wohnungen und Schulplätzen für ihre drei Söhne in Berlin. Doch sie merkt, wie schwer das ist. Und sie weiß, dass Nicolas alles verhindern kann, weil er ebenfalls sorgeberechtigt ist. Wenn sie sich scheiden lässt, muss sie ihm Unterhalt zahlen, weil er nichts verdient. Er sitzt im Haus seiner verstorbenen Mutter in Hamburg, weil es ihn kein Geld kostet. »Vom Nichtstun kommt nichts«, sagt Clara erbost. Innerlich weiß sie es längst: Es wird auch nichts mit Nicolas. Sein Chaos, seine Besserwisserei, sein Nichts-auf-die-Reihe-Bekommen – sie erträgt es nicht mehr. Faktisch leben sie schon getrennt. Letztens hat sie darüber nachgedacht, einen Anwalt zu fragen, ob ihre New Yorker Ehe in Deutschland überhaupt rechtskräftig ist. Letztens hat sie einen Mann bei einem Geburtstag kennengelernt und sich mit ihm verabredet. Sie gibt die Hoffnung nicht auf.

Die sechste Begegnung: manchmal im Traum. Ab und zu denkt Clara an Roberto zurück. Wenn die Katze nicht gewesen wäre, wäre sie jetzt mit ihm zusammen, davon ist sie überzeugt. Ihre Grundschulliebe. Ihre Studienaffäre. Er war immer ein Netter, ein Interessanter. Im Studium hat er viel Schach gespielt, sogar Software dafür entwickelt. In seiner Freizeit jobbte er als DJ, fuhr jeden Sommer nach Frankreich. »Er war ein Cooler, aber nicht so überdreht.« Kinder. Berlin. Glücklich sein. Mit ihm wäre das bestimmt gegangen. Nun muss sie es vielleicht allein schaffen.

Es gibt Momente, da gibt sich Nicolas noch Mühe. Clara und er hatten gerade ihren siebten Hochzeitstag, die kupferne. Er hat ihr eine kupferne Kaffeemühle geschenkt mit den Worten: ... falls Du mal wieder morgens einen Kaffee mit mir trinken möchtest. Ihr Noch-Ehemann denkt viel über andere Menschen nach, kann gut beobachten. Nur bei sich selbst scheint er nicht mehr hinzusehen. Und bei Clara immer seltener.

Sie will alles für ihre Kinder tun. So wie ihre Mutter es für sie getan hat. Ob noch der richtige Mann vorbeikommt? »Ich warte auf die Liebe, glaube aber nicht recht daran«, sagt Clara und steht auf. Die Sonne bescheint den sommerlichen Berliner Park, in dem sie noch stundenlang sitzen bleiben könnte. Aber ihr Zug nach Hamburg fährt bald ab. Dort warten ihre Kinder auf sie. Und der falsche Mann.

Die letzte Begegnung: Sie hat Roberto gegoogelt. Er hat jetzt einen anderen Nachnamen.

WENN EINER ZWEI LIEBT

Jan, Lara-Jean, Max

Wer frisch verliebt ist, kommt früher oder später kaum vorbei an der Frage: Sind wir nun zusammen? Und wenn ja, was heißt das eigentlich? Für die meisten bedeutet das immer noch: Monogamie. Monogame Beziehungen stehen für Sicherheit: die Anzahl der Teilnehmenden ist übersichtlich, die Grenzen klar gesetzt. So weit die Theorie. Und obwohl sich die meisten monogamen Beziehungen durch Untreue entzweien, halten doch viele von uns an ihrer Verheißung fest.

Doch ist Treue unbedingt mit Exklusivität gleichzusetzen? Oder ist Treue vielmehr eine Haltung, eine Verbindlichkeit, das Versprechen, zu jemandem zu stehen, komme, was wolle? Was, wenn wir entscheiden, den Weg mit mehreren Menschen zu gehen – und dennoch treu zu sein? Davon erzählt diese Geschichte. Denn Lara-Jean liebt Jan. Max liebt Jan. Und Jan – der liebt beide.

Jan und Lara-Jean treffen sich das erste Mal auf der Einweihungsparty einer Freundin. Acht Jahre ist das her. Sie reden den ganzen Abend in der kleinen Küche, wenige Monate später sind sie ein Paar. Nur sie und er. Bald steht für beide fest, dass sie irgendwann mal heiraten und Kinder miteinander wollen.

Vier Jahre nach der Party sitzen sie abends auf dem Sofa ihrer gemeinsamen Wohnung und kuscheln, da fragt Lara-Jean: »Sag mal, ist eigentlich alles gut?« Und Jan sagt nichts. Sie fragt noch mal, und er schweigt weiter. Dann sagt Jan: »Ich glaube, ich bin bisexuell.« Lara-Jean fängt an zu weinen. Jan auch.

Irgendwie, erzählt Jan heute, hat er immer schon gespürt, dass er sich nicht nur zu Frauen hingezogen fühlt. Aber in seinem Umfeld in der Schule kommt das nicht vor, dass Männer sich küssen, Händchen halten, ineinander verliebt sind. Dass es zwischen Menschen gar mehr geben könnte als hetero und homo – schwer vorstellbar. Bisexuelle Vorbilder kennt Jan damals keine, schon gar keine männlichen. Und so lässt er die leise Stimme in sich jahrelang verstummen. Erst im Studium und in der Beziehung mit Lara-Jean findet Jan mehr und mehr zu sich selbst – und traut sich das erste Mal zu sagen, dass er Frauen und Männer gleichermaßen liebt.

»Das Outing war mit das Schwierigste, was ich je aussprechen musste«, sagt Jan. »Aber ich wollte Lara-Jean einfach die Chance geben, sich aus freien Stücken für mich zu entscheiden, mit allem, was dazugehört – und wissen, dass ich so geliebt werde, wie ich bin.« Lara-Jean erinnert sich: »Ich habe die Information damals wie in eine Schublade gelegt und verschlossen.« Für den Moment scheint nach außen hin alles zu bleiben wie gehabt. Sie liebt ihn, er liebt sie. Nur ist er jetzt nicht mehr heterosexuell. Also alles beim Alten. Oder?

Ein Jahr bleibt es so, doch Jan kreist gedanklich immer wieder um die Frage: Bin ich wirklich bi? Oder vielleicht doch schwul? »Die Beziehung zu öffnen, kam für uns beide eigentlich nie infrage«, sagt Jan. »Wir waren immer sehr zufrieden mit unserem Sexleben, und im Bett fehlte mir auch nichts.« Vielmehr fehlt ihm die Gewissheit um seine Identität. Jan holt sich Hilfe bei einem Therapeuten und spürt: Ich muss es ausprobieren.

Kann er Lara-Jean das antun? Wie sehr kann man den anderen beanspruchen auf der Suche nach sich selbst? Auf einmal scheinen die vermeintlich klaren Grenzen der Monogamie gar nicht mehr scharf. Heterosexuell und monogam, das wird gesellschaftlich abgenickt, egal wie unglücklich eine Beziehung ist. Was davon abweicht, beäugt man argwöhnisch. Nun sind die beiden sicherlich nicht die Ersten, die einen Blick über den Gartenzaun der Monogamie wagen. Doch was dahinter liegt, mutet für viele auf den ersten Blick uferlos an, fast anarchisch. Wird Liebe beliebig, wenn sie nicht mehr an Grenzen stößt, oder wächst sie über sich hinaus, wird größer, vielfältiger?

Dass Jan jetzt doch Sex mit Männern möchte, ist für Lara-Jean ein Schock. Ein Jahr hat sie die neuen Vorzeichen ihrer Beziehung ignoriert, jetzt holt sie die Realität ein. Reicht ihre Liebe, um die Beziehung zu öffnen? Oder war's das dann jetzt? Sie entscheiden sich füreinander. Für ihre Beziehung – und auch für Jans geplanten Seitensprung. Was zwischen ihnen ist, ist zu gut, um es nicht zu wagen.

Als Jan sich das erste Mal mit einem Mann trifft, fragt Lara-Jean danach: »Wie war's? Möchtest du das jetzt öfter machen?« Und Jan sagt: Ja. Also stellen sie Regeln auf und hoffen, dass diese ihnen Orientierung geben. Jan verabredet sich außerhalb ihrer gemeinsamen Wohnung. Er hat Dates an Abenden, an denen er und Lara-Jean ohnehin unterschiedliche Pläne für den Abend haben. Und: Es geht nur um Sex. Das war's. Jan genießt es, diesen Teil seiner Sexualität erkunden zu können. Und Lara-Jean merkt, dass sie besser damit klarkommt als erwartet, daran sogar wächst. Die neue Freiheit für sich selbst nutzen will sie nicht. Jedenfalls nicht jetzt, vielleicht irgendwann. Beide beginnen in dieser Zeit ganz anders über ihre Gefühle, ihre Bedürfnisse, Wünsche und Ängste miteinander zu sprechen. Offener, ehrlicher.

Ein Jahr später im Urlaub in Kapstadt verloben sie sich. Beide sind überglücklich. Und Jan schreibt Max.

Max wohnt nur fünf Minuten von ihrer Wohnung in Düsseldorf entfernt. Er ist Jan schon ein paarmal in der Nachbarschaft aufgefallen. Max ist Konditor in der Bäckerei nebenan, wenn er an der Theke bedient, traut sich Jan kaum zu bestellen. Dann matchen sie auf einer App und fangen an zu schreiben. Jan sagt Max von Anfang an, dass er bisexuell ist und in einer Beziehung mit einer Frau lebt. Für Max kein Problem: »Ich war nicht auf der Suche nach einem Partner und wusste, dass auch Jan nicht auf der Suche nach einer zweiten Beziehung ist.« Max gefällt, dass Jan offen mit seiner Situation umgeht. Einen bisexuellen Mann hat er davor noch nie gedatet. Als Max liest, dass die zwei sich in Kapstadt verlobt haben, schreibt er zurück: »Wie schön – wenn ihr heiratet, kann ich eure Hochzeitstorte backen.«

Während die Pandemie wenig später Deutschland erreicht, wird Max neben Lara-Jean Jans einziger Sozialkontakt im Lockdown. Eigentlich aus reinem Pragmatismus. Sie joggen gemeinsam, unterhalten sich viel – und Jan merkt, wie er sich in Max verliebt. Max fühlt genauso. Trotzdem verdrängen beide die Gedanken und Gefühle, so war das schließlich nicht vereinbart. Dass er sich in einen Mann verlieben könnte, hielt Jan lange für unmöglich, als ob das rein technisch schon gar nicht klappen würde. Seine Verbindungen mit Männern waren bis dahin immer rein sexuell oder freundschaftlich. Er ahnt, wie schlimm es für Lara-Jean wäre, wenn sie um seine Gefühle wüsste. »Das war immer ihre größte Angst, dass ich mich in jemand anders verlieben würde. Für mich war klar, dass ich die Affäre mit Max beenden muss.« Um die Abmachung einzuhalten, um die Gefühle seiner Partnerin zu schützen, um die Beziehung nicht zu gefährden. Lara-Jean ist die Person, mit der er sein Leben verbringen will. Auch wenn er dafür auf eine andere Liebe verzichten muss. Auch Max hält Abstand für unausweichlich und beschließt, sich zurückzuziehen. »Alles wieder auf null. Es war schön, aber das war's dann auch«, denkt Max. Irgendwann spricht Lara-Jean Jan auf Max an: »Sag mal, was ist da jetzt eigentlich?« Als Jan nur rumdruckst, bricht für Lara-Jean eine Welt zusammen. »Es war, als würde mir jemand den Boden unter den Füßen wegziehen. Ich glaube, ich habe noch nie so geweint in meinem ganzen Leben.« Sie fährt weg, nachdenken, zu sich kommen.

Nichts davon hat Lara-Jean geahnt, als Jan und sie sich kennenlernten. Nicht die Bisexualität, nicht die offene Beziehung und ganz sicher nicht, dass sich Jan plötzlich in eine andere Person verliebt. Ist das überhaupt noch die Beziehung, die sie sich ausgesucht hatte? Sicher nicht, aber muss das gleich das Ende sein? Immer wieder kommt Lara-Jean in ihren Gedanken zur gleichen Erkenntnis: »Ich kann niemandem vorschreiben, wen und wie er lieben will.« Während Lara-Jean ihre Haltung dazu findet, liest Jan zum ersten Mal von Polyamorie und V-Beziehungen. Er saugt alles auf, was er zu dem Thema finden kann, und stellt fest: Das bin ich. Genau so fühlt sich das an. Auch Lara-Jean fasst in dieser Zeit einen Entschluss: »Wenn Jan für sich sagt, dass er mehrere Menschen lieben kann, will ich das nicht anzweifeln«, sagt sie. Wie sie sich selbst damit fühlt, nicht die einzige Liebe in seinem Leben zu sein, weiß sie erst, wenn sie es ausprobiert. Also sagt Lara-Jean wie die Male davor: Lass es uns versuchen. Mehr als schiefgehen kann es nicht.

Wenig später treffen sie sich das erste Mal zu dritt.

»In manchen schweren Situationen habe ich mich schon gefragt: Warum mache ich das alles?«, sagt Lara-Jean heute. »Aber selbst dann wusste ich: weil Jan Jan ist.« Sie stellt fest: Auch wenn die Beziehung nach außen nun anders aussieht und sich der Alltag ändert, der Kern, die Basis ihrer Beziehung, bleibt gleich. Da ist immer noch der gleiche Mensch, in den sie sich verliebt hat, nur noch ein bisschen mehr er selbst. Alles, was sie an Jan und ihrer Beziehung schätzt, ist geblieben und mehr noch: »Dass ich

Jan durch das Zulassen meiner schlimmsten Ängste noch mehr liebe und unsere Beziehung heute stärker denn je ist, hätte ich niemals gedacht.«

Gut drei Jahre ist das jetzt her. Seit einem Jahr sind Lara-Jean und Jan verheiratet. Max und Jan sind seit zwei Jahren ein festes Paar. Max backte die Torte für Jans und Lara-Jeans Hochzeit. Auf den Bildern steht er neben ihnen, Arm in Arm. Max' Familie feiert mit ihnen, sein Vater sagt zum Brautpaar: »Schön, dass die Familie jetzt noch größer geworden ist.« Mittlerweile treffen sich Lara-Jean und Max auch, wenn Jan nicht dabei ist. Dann schauen sie gemeinsam Serien oder reden stundenlang. Früher war Jan der Vermittler zwischen ihnen, heute verbindet sie eine enge Freundschaft.

Jan, Lara-Jean und Max haben sich eine Beziehung nach ihren Vorstellungen gebaut. Heterosexuell, bisexuell und homosexuell vereint in einem Bund. Es sind scheinbar widersprüchliche Etiketten, die sie in ihrer Beziehung zusammenbringen. »Unsere Beziehung funktioniert nur, weil wir wir sind«, sagt Jan, es gibt keine Schablone, kein Vorbild, nur eine dauerhaft temporäre Lösung, die sie glücklich macht. Seit der Hochzeit fühlen sich die drei noch enger miteinander verbunden, gemeinsam erhoben auf eine höhere Ebene. Die monogame Verheißung erklärt uns, dass die eine Liebe der anderen weichen muss. Als ob ein Mensch nur endlich viel Liebe in sich tragen würde und unweigerlich weniger übrig hätte, sobald eine neue Liebe hinzukommt. Lara-Jean, Jan und Max haben eine andere Erfahrung gemacht.

EINE LISTE VOLLER ABENTEUER

Mia

Die Ziffer Eins markiert den Anfang. Daneben stehen das Jahr 2004 und ein Name. Am Ende der Zeile, in Bleistift, steht: »1. Kuss, keine Beziehung.« Die nächste Zeile beginnt mit der Ziffer Zwei, gefolgt von 2005 und: »1. Sex, 6 Monate«. Mias erstes Mal und ihre erste Beziehung. Im selben Jahr kommen noch ihr erster Blowjob und »Knutschen« hinzu. Nummer drei und vier.

19 Jahre lang hält Mia fest, mit wem sie intim geworden ist. Die letzte Zeile trägt die Nummer 72, die trifft sie seit fünf Wochen.

Viele von uns wissen, mit wie vielen Menschen sie bisher geschlafen haben, andere haben aufgehört zu zählen. Einige führen Buch, aber kaum jemand gewährt Einblick. Mia schon. Drei Seiten, DIN A5, blaue Tinte auf vergilbtem Papier. Mias Liste.

Mit Gero fing alles an. Die Nummer eins in Zeile eins. 2004, Mias erste Party. Oder besser gesagt, der Discoabend der Tanzschule von 18 bis 22 Uhr. Alle coolen Mädchen in der neunten Klasse besuchten damals den Tanzkurs, also auch Mia. Mia trug ein rosa Polojersey mit hochgeschlagenem Kragen und ihre blonden Haare im Pferdeschwanz.

Gero war von einer anderen Schule, er gefiel ihr gleich. Als »My Boo« von Usher und Alicia Keys aus den Lautsprechern säuselte und den Tanzenden einen Grund gab, sich anzufassen, küssten sich Gero und Mia auf der Tanzfläche. Mit viel Zunge, Lippen und Speichel. Und Mia hatte etwas Neues entdeckt.

Mia heißt eigentlich anders, und ihre Liste ist das Ergebnis einer besonders trägen Vorlesung im ersten Semester. Mit Freundinnen sitzt sie in dem Hörsaal und schreibt auf, wer mit wem schon alles was hatte. Mia behält ihren Zettel, erst Jahre später schreibt sie die Liste in der heutigen Fassung noch einmal ordentlich auf. Mit Nummern versehen steht da Name für Name untereinander, rechts daneben jeweils in Bleistift ein Kommentar. Nummer 21 »mehrere Küsse, mehrere Male«, Nummer 22 »Blowjob«, Nummer 23 »fast Sex«, Nummer 25 »unglaublicher Sex, mehrmals«. Alle drei 2010, da war sie 20 Jahre alt.

Mias Liste hat genau den gleichen Grund wie ein Tagebuch oder ein Fotoalbum. Sich erinnern an das, was war. Mia schreibt Dinge gerne auf. So einfach ist das.

Mit Nummer 62 hat sie Sex an der Havel. Mit Nummer 10 am Hinterausgang des Tennisvereinsheims. Mit Nummer 65 kommt sie das erste Mal durch Penetration, Nummer 41 hat seinen ersten Analorgasmus mit ihr. Mit Nummer 52 und Nummer 65 schläft sie erst getrennt, dann mit beiden zusammen. Nummer 33 trifft sie bei einem Studijob an der Messe. Sie verkauft dort in den Semesterferien belegte Brote, er ist Messebauer aus Mecklenburg-Vorpommern. Nach der Arbeit essen sie zusammen in einem chinesischen Restaurant, anschließend befriedigt er sie in seinem Auto auf dem Parkplatz mehrfach oral. Mia notiert an dieser Stelle in der Liste: »Lecken, lecken, Romantik.«

Oder Nummer 46, bei dem in Großbuchstaben »Junger Gott« und ein Herz hinter dem Namen notiert ist. Mia lernt ihn während eines Erasmus-Semesters in Porto kennen und beschreibt sein Äußeres mit den Worten: »Er war gebaut wie David von Michelangelo, ein richtiger Jüngling.« Der Jüngling ist Student aus Spanien, gesegnet mit einem, so Mia, »perfekten Penis«. Am Morgen von Mias 25. Geburtstag haben sie Sex auf der Arbeitsfläche der kleinen WG-Küche. Danach trinken sie Kaffee, und er nimmt den Flieger nach Hause. »Es war unverbindlich und respektvoll. Richtig nett.«

Mias Liste ist unterhaltsam. Sie fühlt sich wertvoll an – und sie zu lesen ein bisschen verboten. Liegt es an der schieren Anzahl oder an der weiblichen Lust, die hier verhandelt wird? Weibliche Lust wandelt irgendwo zwischen Scham und Hypersexualisierung, Objekt der Begierde und Grund allen Übels. Nur eines ist sie sicher nicht: die Entscheidung jeder einzelnen Frau. Und wer nicht an zwei Händen abzählen kann, mit wie vielen Menschen er oder sie geschlafen hat, wird zumindest im Stillen verurteilt. Dabei steigt die Anzahl doch unweigerlich, wenn man keinen festen Partner hat und dennoch auf Sex nicht verzichten möchte. 72 Namen in 19 Jahren, mit mehr als zwei Dritteln hat sie geschlafen. Zu viel? Im Durchschnitt sind das weniger als drei pro Jahr. Da könnten auch 200 stehen, findet Mia, wenn sie es bei jedem einzelnen Mal denn auch wirklich fühlen würde.

»10 bis 20 hätte ich mir sparen können«, sagt Mia. Hinter dem Namen von Nummer 54 notiert Mia nur Doppelpunkt, Strich, Klammer auf – der Kurznachrichten-Ausdruck für Traurigkeit. »Eine Enttäuschung vor dem Herrn«, sagt sie, als sie jetzt auf die Liste blickt. »Menschlich ’ne Flachzange, politisch noch mehr. Und dann war der Penis noch so klein. Gerade im Vergleich zu seinem großen, breiten Körperbau.« Oder Nummer 66, am unteren Ende der Liste. Schon beim Gespräch hätte es Mia wissen können: Weder war er besonders klug noch besonders nett, er war nicht witzig und gab sich kaum Mühe. Für das Date mit ihm fährt Mia extra von Berlin nach Hannover, er kommt zu spät zum Treffpunkt und hat noch nicht einmal das kalte Bier dabei, um das Mia ihn gebeten hatte. In jeder Hinsicht ein unterdurchschnittliches Date. Der Sex, der folgt, ist entsprechend. Während er sie in den letzten 30 Sekunden von hinten nimmt, sagt er: »Wenn ich den Kopf ausmache, bin ich richtig gut.« Mia ist froh, dass er in dieser Position nicht sehen kann, wie sie mit den Augen rollt. Gesagt hat sie nichts.

»Ich hatte oft Angst, eine anstrengende Frau zu sein«, sagt Mia. »Manchmal habe ich das immer noch.« Sie wollte nicht »wie die anderen« sein. Also lässiger, entspannter, weniger hysterisch und unbequem – bloß nicht als Zicke gelten. Vielen Frauen geht es so. Es ist ein angelerntes Verhalten, dem Bild zu entsprechen, das Männer historisch als erstrebenswert geformt haben. Es fängt an bei der Art, sich zu kleiden, es betrifft die Stimmlage, die Berufswahl und die Art der Freizeitbeschäftigung. Und es geht eben auch um die Fähigkeit, Nein zu sagen. Aufzustehen und zu gehen, auch wenn das bedeutet, dass der Abend dann gelaufen ist. »Bei ein paar Typen denk ich mir im Nachhinein: Hör doch auf dein Bauchgefühl. Hau einfach rein, wenn du keinen Bock hast«, sagt Mia. »Wenn ich ehrlich zu mir gewesen wäre, wären es vielleicht ein paar unnötige Typen weniger.«

Früher fühlte sie sich auf Dates oft von vorneherein so, als wäre Sex Teil der Vereinbarung. Als würde alles an dem Abend nur darauf hinauslaufen, fast schon als wäre sie es schuldig gewesen. »Komm schon, stell dich nicht so an.« Dann bleibt sie, weil das einfacher ist, als zu erklären, warum sie keinen Sex möchte. »Dabei hätte ich einfach in ein Hotel gehen können, anstatt die paar Minuten durchschnittlichen Sex mitzunehmen.« Denn toll wird es ja nie, wenn einer den anderen erst noch überreden muss. In solchen Momenten hilft ihr die Liste, Distanz aufzubauen. Auf eine Art ist das dann nicht mehr ihr passiert, sondern einfach eine Zahl auf einem Blatt Papier. 70 Namen in 19 Jahren. Die Liste zeigt, wie Mia erwachsen wird. Heute ist sie Mitte 30 und sagt: »Es ist okay, Ansprüche zu stellen.« Selbstverständlich ist es für sie immer noch nicht.

In den Zwanzigern, sagt Mia, da war sie stolz auf ihre Liste. Auf die Erfahrungen, die sie gemacht hat. Wenn sie zu früh eine ernste Beziehung hätte, denkt sie, sei eine Midlife Crisis vorprogrammiert. Wenn sie sich nur genug und vielseitig auslebt, so die Idee, kann ihr das nicht passieren. Damals kokettiert sie mit der Liste, unterhält mit dem einen oder anderen Eintrag abends an der Bar. Doch reine Lust und Befriedigung stehen auch damals nicht im Vordergrund, in der gesamten Liste findet sich nur ein One-Night-Stand: Nummer 18.

»Die Liste ist schon auch auf eine Art ein physischer Beweis, wie cool und lässig und weit weg von bürgerlichen Vorstellungen ich sein wollte. Ohne dass ich das überhaupt jemals wirklich gewesen wäre«, sagt Mia. »Eigentlich bin ich schon ein Mensch, der Lust auf Beziehungen und Verbindungen hat.« Statt nach Körperlichkeit sucht sie oft viel mehr nach Zärtlichkeit und einem Gefühl, das bleibt.

Beziehungen hatte sie immer wieder, so ist es nicht. 2008 ist Mia zum ersten Mal schwer verliebt in Nummer 10, er wird ihr erster Freund. Dann 2011, Nummer 37 in der Liste, die zweite große Liebe. Drei Jahre sind sie on-off zusammen in der Kleinstadt, in der sie studieren. Oder die Beziehung mit Nummer 68, die ein Jahr lang hält und Mia tief berührt. Oft sind es eher Situationships, die Mia begleiten, aber wirklich oberflächlich ist es nie. Mia kennt die Namen aller Nummern auf ihrer Liste, sie saß ihnen bei Dates gegenüber, lernte ihre Freunde kennen, verreiste mit ihnen über das Wochenende. Mias Liste ist das Abbild von modernem Dating, von der Suche nach sich selbst und einer Person, die dazu passt. In Momenten, in denen Mia nicht recht wusste, wohin sie das Leben führt, dachte sie: »Das Einzige, was ich wirklich gut kann, ist Sex.« Sex macht ihr Spaß, sie ist gut darin und bekommt das auch gespiegelt. Und auch wenn sie die meisten Begegnungen auf ihrer Liste nicht bereut, wurmt sie eines doch: »Warum wollten nur eine Handvoll davon auch außerhalb des Betts Zeit mit mir verbringen?«

Mia will keine Option mehr sein, kein nice to have, wie sie es sagt. Sie will mit jemanden sein, der auch wirklich mit ihr sein will. Der auch ein leises Nein hört und es ernst nimmt. Der fürsorglich ist und so ein leises Ja möglich macht. Mit Nummer 72 trifft sie sich jetzt seit ein paar Wochen. Er ist süß, lieb, ein altes Tindermatch und jetzt neu in Berlin. Bislang läuft es gut.

NEUANFANG

Sammy

Welche Menschen verfolgen einen, wenn man ganz allein mit sich ist? Wer kommt in den schönen Träumen vorbei, um einem nachts die Fragen zu stellen, die man am Tage lieber schnell von sich wegschiebt: Hätten wir es nicht doch zusammen wagen sollen? Und wer erst taucht aus unseren verdrängten Gedanken auf, mit der in uns pochenden Frage: Hätte man nicht allein mehr wagen müssen, damit das alles nicht passiert wäre?

Jede und jeder trägt beschämende Momente der Liebe in sich – Sekunden, in denen man den richtigen Moment verpasst oder vermasselt hat; vielleicht Jahre, in denen man den Absprung nicht richtig geschafft hat. Und die Frage bleibt: Würde mein heutiges Ich anders reagieren als mein damaliges? Wollen wir die ehrliche Antwort darauf wirklich wissen?

Sammy sitzt still im Behandlungsstuhl, ihr Mund ist weit offen, die Beine sind nach oben gefahren. Die schöne Sprechstundenhilfe guckt ihr auf die geputzten Zähne. »Und«, fragt die Fremde, »wie ergeht es dir hier unten in der Kleinstadt?« Sie tauschen warme Blicke aus. Sammy bleibt still sitzen, aber in ihr tobt es: Soll ich mich wirklich trauen? Kann ich eine Person, die mir gänzlich unbekannt, aber gerade nahe ist, einfach so ansprechen? »Willst du etwas mit mir essen gehen?«, rutscht es Sammy heraus. »Klar«, sagt Milli. So beginnt die Verwandlung von Sammy, die erste von vielen. Sie kann selbst am wenigsten glauben, dass sie das geschafft hat.

Die Faszination der Liebe liegt im Zauber des Kennenlernens. Aber kann diese Kennenlerngeschichte wirklich nur ein Zufall sein? Eine junge Frau hat keinen Bock mehr auf ihren Freund, sitzt am Valentinstag beim Zahnarzt, verguckt sich in die Sprechstundenhilfe, weil sie sowieso einmal was mit Frauen ausprobieren will, und lernt über sie einen Mann kennen, der bald ihr bester Freund wird und irgendwann sogar der Vater ihres Kindes.

Sammy, die gerade unglücklich ist mit Liebe, Job und Leben, geht also mit Milli in eine Pizzeria. Die beiden Frauen erzählen sich, was sie bewegt, ehrlich, schonungslos, herzlich. Bis Milli eine Nachricht kriegt. Und sich die Sache zufällig noch einmal anders entwickelt.

Sammy lacht oft bei den Videogesprächen, bei denen sie von Volten ihrer Liebe berichtet, von ihren Hoffnungen, Sehnsüchten, von ihren Schwächen und Ängsten. Manchmal stockt sie beim Erzählen in ihrem fränkischen Dachzimmer, lässt ihre Haare vor die Brille fallen, hinter der sich Tränen sammeln. Sammy hat in ihren 30 Jahren schon viele Leben durchlebt. Und hätte es fast nicht geschafft. Dass sie nach schweren Dramen so geliebt wird wie sie ist – das hat sie selbst erkämpft. Mit der Hilfe von Milli. Und Flecke.

Sie ist gerade volljährig, als sie der erste Bruch ereilt. Aufgewachsen in einem Neubaugebiet am Berliner Ostrand stirbt ihr Vater früh, mit ihrer Mutter kommt sie nicht klar. Ihr Abi bricht sie ab, auf Bewerbungen folgen Absagen, »irgendwann hab ich die Blamage nicht mehr ausgehalten«. Sie klammert sich an das Einzige, was sie mit ihrer direkten Art schnell erobern kann: einen älteren Jungen, den sie über ein soziales Netzwerk kennenlernt. Sie ist 16, er ist 19. Er wohnt unten in Franken, sie besucht ihn an den Wochenenden mit der Bahn, manchmal kommt er mit dem Auto zu ihr hoch. Er, den sie heute nur »den Ex« nennt, ist ihre erste Liebe und gibt ihr das Gefühl, ihre einzige Rettung zu sein. Als sie volljährig ist, bricht Sammy ihr altes Leben ab und zieht zu ihm. Sie weiß nicht, was sie erwartet.

Manchmal ereilen sie diese Fragen heute noch: Warum hast du dich nicht früher getrennt? Warum hast du das alles mit dir machen lassen? Warum warst du dir selbst so wenig wert? »Ich habe eben an die große Liebe geglaubt«, erzählt Sammy, »an diesen romantisierten Disney-Hollywood-Bullshit.« Manchmal hat sie noch Albträume – davon, dass der Mann, der sie so lange terrorisiert hat, wieder auftaucht, sie ihm wieder erliegt, er noch einmal ihr Leben beherrscht. »Er hatte ja eine Anziehungskraft. Wer kann mir garantieren, dass ich nicht wieder auf diesen Menschen hereinfallen würde?« Sie möchte diesen Gedanken nicht mehr verdrängen, weil er sonst nur umso heftiger zurückkommt. Nach vielen Therapien macht sie sich nicht mehr fertig mit ihrer eigenen Vergangenheit. »Ich erlaube mir die Zweifel an mir, denke über sie nach und lasse dann die Gedanken weiterziehen.« Das, so glaubt Sammy heute, sei Teil ihrer Heilung.

Für die große Liebe muss man leiden. Für die große

Liebe muss man alles tun. Für die große Liebe darf man nicht an sich denken. So sagt er es immer zu ihr. So glaubt sie es irgendwann. Unten in Franken angekommen, rutscht sie in eine Abhängigkeit von ihrem Freund, vor allem emotional. Sie soll hier keine neuen Freunde finden, findet er. Er will sie ganz für sich besitzen. Dann bricht er den Kontakt auch zu seinem Umfeld ab. Irgendwann gibt es nur noch sie beide und zwei Katzen. Er hat oft Schichtdienste und legt sich morgens ins Bett, sie arbeitet tagsüber in einem Rechtsanwaltsbüro und schläft nachts schlecht. In den Urlaub fahren sie nie. Um Sammy herum wird es sehr leise. Sie traut sich auch kaum noch zu, einen Ton abzugeben.

Wenn ihm etwas nicht passt an ihrem Verhalten, sie nach dem Einkaufen etwas später als vereinbart nach Hause kommt oder plötzlich eine neue Freundin in einer Pizzeria trifft, dann haut er ab, einen Tag lang, zwei, drei. Ist so lange nicht erreichbar, bis ihre Sorgen ins Unermessliche steigen. Er verlässt sie mehrmals, um zu zeigen, dass alles an ihm hängt – finanziell, seelisch. Sammy zweifelt an sich, auch ihr Job gibt ihr keinen Halt. Dich liebt keiner, sagt er zu ihr. »Er hatte Freude daran, mich zu destabilisieren«, sagt Sammy. »Mein heutiges Ich würde ihn sofort zur Tür rausjagen.« Warum tat es ihr damaliges Ich nicht? Eine Pause entsteht. »Er hat mir Gewalt angetan.« Pause. Körperliche Gewalt? »Ja. Sexuelle. Er hat mich missbraucht.«

Wie kommt man von einem schlimmen Leben los, wenn man kein anderes mehr hat? Wer holt einen raus, wenn man es selbst nicht zu schaffen glaubt? Immerhin eine kleine Hoffnung hat Sammy gerade getroffen: Milli, die Sprechstundenhilfe.

Die beiden Frauen scherzen gelöst in der Pizzeria, als Milli diese Nachricht bekommt von ihrem Kumpel Flecke: »Wollt Ihr auf der Halbinsel vorbeikommen?« Sie fahren zum Fluss, dort spielt und chillt, quatscht und lacht eine Gruppe junger Leute. Sammy ist hier gleich willkommen. Als sie Flecke entdeckt mit seinem offenen Lächeln, denkt sie: Mit dem möchte ich mehr Zeit verbringen.

Am nächsten Tag kommt sie wieder, Milli sagt kurzfristig ab. Also redet Sammy allein mit Flecke, hat danach seine Nummer im Handy, sein Lächeln im Kopf. Mit jedem neuen Treffen, mit jeder neuen Nachricht (es werden schnell Tausende) wird Flecke zum ersten Menschen, der sie wirklich versteht – »ein Seelenverwandter, der Sätze ausspricht, die ich selbst gerade denke«. Doch Flecke hat just eine neue Freundin. Also werden Sammy, Milli und Flecke einfach beste Freunde. Für Sammy ist das schon fast wie ein neues Leben. Fast.

Alles wird dann sehr schmerzhaft. Der Auszug bei dem Mann, der sie fast zehn Jahre lang kleingemacht und emotional erpresst hat. Ein leeres Blatt Leben, das mit Mitte 20 neu befüllt werden soll. Als Ersatz für die Liebe ein neuer Typ aus der Jugendgruppe, der zunächst nett wirkt, sich aber als drogenabhängiger Alkoholiker entpuppt. Eine komplizierte offene Beziehung, in der sie sich gegenseitig vorher fragen, ob es okay wäre, mit einer anderen Person zu schlafen – und es hinterher doch nicht okay gewesen ist. Die nächste Trennung, weil Sammy von ihrem neuen Freund im Suff geschlagen wird; am nächsten Tag sagt er, er könne sich an nichts erinnern. Und Flecke? Bleibt bei seiner Freundin. Dann doch nicht. Und dann doch.

Manchmal ereilt Sammy in dem Chaos der Gedanke: Wenn ich heute gegen einen Baum fahre – wen juckt's? Dann wiederum denkt sie: Es ist so schön, wieder etwas zu fühlen nach diesen halbtoten Jahren – ich will das Leben nie wieder missen. Sammy vertraut sich Flecke bedingungslos an. Er nimmt an ihren Krisen teil, sie versteht ihn ohne Worte. Sammy und Flecke scheinen zu verschmelzen – in ihren Gesprächen, Gedanken, in ihrem ersten Kuss. Immer öfter denkt Sammy: Wann kann ich Flecke endlich wiedersehen? Sie kommt nicht mehr los von dem Mann, der eigentlich ihr bester Freund ist. Es gibt manchmal Berührungen am Bauch unter dem T-Shirt, fast nebenbei. Es ist wie eine Sucht, in seiner Nähe zu sein. Zuerst ohne Nebenwirkungen. Bis zum Absturz.

Sammy kommt gerade von einem ihrer spärlichen Besuche der alten Berliner Heimat, da biegt sie von der Autobahnabfahrt direkt ab zu Flecke. Sie klingelt, darf bis zum Morgen bleiben. Sie schlafen miteinander. Es fühlt sich schön an. »Wir sind unter unseren eigenen Grenzen durchgetaucht.« Aber ganz nah heran kommt sie dennoch nicht an ihn. Flecke, so lernt Sammy, sucht vorsichtig tastend nach der Liebe. Er zögert, noch einmal ganz von vorn zu beginnen.

Die Nacht ist sternenklar. Sammy ist auf einer Party, und ihr ist alles zu viel. Der verlassene Alkoholiker stalkt sie. Sie flieht aus Verzweiflung zu ihrem ersten Ex zurück, der die Wohnung umbaut, aber nichts fertigkriegt. Sammy fühlt sich schlecht, ihr Leben kommt ihr vor wie eine Baustelle voller Abrissschutt, ihr Ex macht sie wieder fertig, sie will nicht mehr leben. Flecke bleibt ihr letzter Lichtblick, versucht aber seine Beziehung zu retten, in der er doch eigentlich auch nicht mehr glücklich ist. Ist es tatsächlich so, wie sie es bei Autorin Claire Garber liest: Die Liebe ist ein Dieb?

Sie sitzt draußen, hört von drinnen Partymusik. Sie spürt, wie Flecke sich neben sie setzt. Sie schaut ihn nicht an, starrt in die klaren Sterne. Sie weiß: Wenn ich ihn ansehe, kann ich nicht mehr zurück. Sie guckt stur nach oben, er wartet, wartet, wartet. Bis sie doch herübersieht. Bis sie sich endlich anders küssen. Nicht mehr als Freunde.

Sie fangen eine Affäre an, treffen sich heimlich in der Mittagspause oder abends zum Knutschen auf der Halbinsel. Irgendwann fühlt sich das Verstecken falsch an, sie können aber auch nicht aufhören. Dann verlässt Flecke erneut seine Freundin. Jedem Hin folgt ein Her. Wie lange lässt sich das alles aushalten? Sammy kriegt keinen Bissen mehr runter, nimmt zehn Kilo ab. Eine Entscheidung muss her – aber welche?

Bis Sammy dann Flecke aus ihrem Leben schmeißt, weil er sich irgendwie alles offenhält. Bis sie ihm einen elfseitigen Brief schreibt, in dem steht, wie weh es ihr tut, dass er sich nicht klar zu ihr bekennt. Bis er neu nachdenkt und ihr einen Zettel zusteckt: Möchtest du mit mir gehen? Ja – Nein – Vielleicht. Bis sie antwortet: Nein – weil sie denkt, dass er nach dem Verlassen seiner Freundin bloß nicht alleine sein will. Bis er bei nächtlichem Frost vor ihrem Auto kniet, um ihr zu sagen, dass er sie liebt, nur sie. Bis er es ganz laut ruft: »Du bist die Einzige für mich, ich will dich heiraten und Kinder mit dir haben.« Bis plötzlich sie nicht Ja sagen kann, weil sie selbst Angst vor der Entscheidung hat, davor, dass es zusammen vielleicht gar nicht klappt.

Bis sie sich an einem Abend zum Schweigen verabreden, weil alle Worte ausgetauscht oder verbrannt sind. Bis sie also beieinandersitzen in Gedanken und miteinander in den Abgrund schauen. Bis die Stille wehtut, sie alles hinter sich lassen. Bis sie sich nach Stunden endlich umarmen. Bis sie sich wieder küssen. Bis sich alles zum ersten Mal wirklich richtig anfühlt.

Sie sind beide gebrannte Kinder, was Gefühle angeht. Fleckes Mutter konnte ihm keine Liebe zeigen, Sammy trägt die Wunden ihrer gewaltvollen Beziehung in sich. Er kommuniziert eher rational und sachlich, sie agiert sehr emotional. »Wenn ich Zuwendung und Trost brauche, versucht er, meinen Konflikt logisch zu lösen. Das bringt mich dann auf die Palme«, so beschreibt Sammy, was die beiden bis heute unterscheidet. Sie hat daraus gelernt: »Es ist eben aber auch an mir zu sagen: Hey, ich brauche jetzt nicht dein Blabla, ich brauch Zuwendung.« Auch sie, das erkennt sie nach dem langen Auf und Ab mit Flecke, hat hohe Mauern um sich gezogen, um verletzende Gefühle nicht zu nah an sich heranzulassen. Sie tragen beide die gleiche Angst in sich: Entscheiden wir uns wirklich für den richtigen Menschen? Oder sind wir nur ein Rettungsanker füreinander? Und wenn ja, für wie lange?

Irgendwann entscheidet sich in einer Liebe alles. Irgendwann, als es fast schon zu spät ist, spürt Sammy: Entweder alles jetzt oder gar nichts. Wenn sie Flecke wirklich will, muss sie alle Mauern einreißen. »Ich wollte nichts mehr durchprobieren: keine Dinge mehr und keine Menschen. Ich wollte nicht mehr ohne diesen einen Menschen sein.«

Es gibt niemanden, der so ist wie er. Es gibt niemanden, der all ihre Dramen und Verwandlungen genauso kennt wie sie. Fünf Jahre ist die Sternennacht jetzt her, drei Jahre ihre Hochzeit und die Geburt ihres Kindes. Nur mit Flecke war sie im Urlaub, nur mit ihm fühlt sie sich leicht. Sie lieben, lachen, weinen auch mal zusammen, mit ihrem Sohn wohnen sie im Haus seines Vaters. »Zusammen sind wir einzigartig, weil wir den gleichen Knall haben«, sagt Sammy und kann jetzt lachen über das Chaos, das sie zusammengeführt hat. Neulich hat sie Milli getroffen, mit der sie sich zwischendurch überworfen hatte, was aber bei ihrem Wiedersehen schnell vergessen war. Sammy hat ihr vom neuen Leben mit Flecke erzählt. Milli hat nur gegrinst: Ich hab's immer gewusst.

Heute sind ihre Dramen andere, ihre Lösungen auch. Ihr kleiner Sohn verlangt dem Paar manchmal alle Kraft ab. Nach der Geburt leidet Sammy unter Schlafmangel, dann kommt noch Long Covid hinzu, es gibt Debatten mit der Schwiegermutter, ob das Kind geimpft werden darf. Flecke ist oft arbeiten, und Sammy fühlt sich allein gelassen mit der Verantwortung. Dann gibt es noch eine Nachbarin, die sie terrorisiert, einen Nachbarn, der sich in Sammy verliebt und Flecke schlechtredet. Alles steuert auf das nächste Chaos zu, aber diesmal stürzt sich Sammy nicht hinein, sondern reagiert anders: Mit Flecke geht sie in Paartherapie, sie ziehen um, kommen gemeinsam zur

Ruhe. »Was kann jetzt schon noch kommen?«, fragt Sammy. Und weiß doch auch: immer wieder eine ganze Menge. »Es kann bei uns auch ziemlich scheppern«, sagt Sammy. »Aber wenn die Emotionen raus sind, reden wir wieder miteinander.« Das Scheppern hallt dennoch nach.

Zuletzt war Sammy glücklich, als sie auf dem Feuerwehrfest waren und ihr kleiner Junge gestrahlt hat. Oder als sie mal ohne Kind ein Wochenende in einer Therme verbracht und sich wieder als anregendes Paar wahrgenommen haben, nicht nur als Eltern. Flecke und sie wollen dem Kind etwas mitgeben, das sie selbst nicht genug mitbekommen haben in ihrer Kindheit: bedingungslose Liebe. Wunden heilen am besten zusammen. Oder wie Sammy es sagt: »Ich finde es schön, dass das Kind, das wir geboren haben, auch unserem inneren Kind ein bisschen Frieden schenken kann.«

Sammy hat mit 30 schon viele Leben gelebt und nun endlich zu sich gefunden. In mancher Nacht begegnet sie noch den dunklen Wolken ihrer Vergangenheiten, stellt Fragen an ihr früheres Ich. Sie gesteht sich zu, dass ihre gescheiterten Lieben und gestörten Beziehungen sie wohl immer begleiten werden. Sie hat aber auch erfahren, wie viel Kraft es geben kann, für die Liebe alles aufs Spiel zu setzen. In den richtigen und selbst in den falschen Momenten alles zu geben für das eigene Glück. Sie bereut nichts, auch nicht das Schlimme. Meist schon am nächsten Morgen ziehen die Wolken weiter. Und regnen sich woanders ab.

DANK

Von Herzen Danke an alle, die uns ihre persönlichen Geschichten erzählt haben und erzählen.

Ein herzlicher Dank an den *Tagesspiegel,* insbesondere an Ulrike Teschke und die Chefredaktion sowie an Esther Kogelboom, Moritz Honert, Jan Oberländer, Sophie Peschke, Johannes Altmeyer und die Redaktion, für Aufbau und Ausbau sowie fortwährende Unterstützung unserer Lieheskolumne »Ins Herz« und dieses Buches.

Danke an Katharina Vogel sowie Anna Riedel, Emily Modick und an das gesamte Team von hanserblau für das Vertrauen und die tolle Betreuung.

Lieben Dank an unsere Eltern, Familien, Freundinnen und Freunde.

Ronja, Franka und Wiebke.

Lilly, Felix, Paula, Loui, Kay und Dani.

Daniela, Sylvia, Zö, Toni, Cosima, Julius und Melanie. Rita, Anna, Christopher, Clemens, Laurin, Leila und Jakob.

UNSERE LIEBES-PLAYLIST
ZUM BUCH AUF SPOTIFY

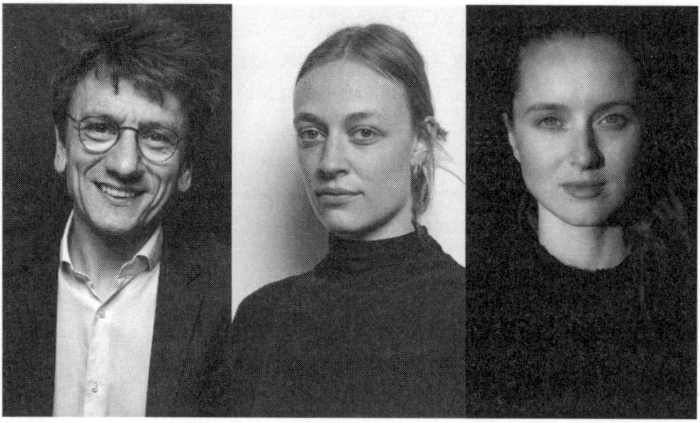

ROBERT IDE, 1975 im Erzgebirge geboren, wuchs in Ost-Berlin auf. Der Politologe ist Autor beim *Tagesspiegel,* zuvor leitete er die Sport- und die Berlin-Redaktion und war Geschäftsführender Redakteur. 2007 erschien sein Buch *Geteilte Träume – Meine Eltern, die Wende und ich* über den Generationenkonflikt in Ostdeutschland. Er begründete die Liebeskolumne »Ins Herz« und glaubt an die große Liebe.

JOANA NIETFELD, 1995 geboren und in Hamburg und Berlin aufgewachsen, hat Kunst und Politik studiert, danach beim *Tagesspiegel* volontiert und schreibt mittlerweile als Redakteurin über Liebe, Beziehungen und Geld. Dass früher Menschen beim Kennenlernen ihre Festnetznummern austauschten, kann sie sich kaum vorstellen, versucht es aber.

HELENA PIONTEK, 1990 in Stuttgart geboren, studierte Staatswissenschaften und Militärgeschichte in Passau, Pakistan und Potsdam. Sie ist freie Journalistin und spricht und schreibt über Kriminalität, Migration und die italienische Mafia. Für ein zweites Date ist sie schon einmal 17 Stunden mit dem Flixbus durch Europa gefahren.

VON ROBERT IDE

Von der Kleinstadt ins wilde Berlin
Drei Frauen und ein Mann
Eine Liebe über die Grenze hinweg
Eine Beziehung mit 31 Jahren Altersunterschied
Belogen werden
Zu Hause beim falschen Mann
Neuanfang

VON JOANA NIETFELD

Niemals mit der Trennung gerechnet
Wenn Abhängigkeit zur Liebe gehört
Krankheit
Queer in der Provinz
Der lange Weg zur Trennung
Kinderwunsch

VON HELENA PIONTEK

35 Jahre bis zum ersten Kuss
Einsamkeit
Kann aus Liebe Freundschaft werden?
Die Wechseljahre
Verlangen
Wenn einer zwei liebt
Eine Liste voller Abenteuer